Grebennikov
explorise

brot&wein

© Grebennikov Verlag GmbH

Herausgeber	Alexander Grebennikov
Texte & Recherche	Peter Eichhorn
Lektorat	Dagmar Deuring
Korrektorat	Barbara Lück
Projektkoordination	Natalia Mavricheva
Redaktion	Susanne Gierds
Bildredaktion	Henriette Damsa, Tabitha van Hauten, Igor Zaidel
Layout	Henriette Damsa, Igor Zaidel
Design	Henriette Damsa, Ricardo Quintas
Druck & Verarbeitung	Bosch-Druck GmbH

explorise® ist eine eingetragene Marke des Grebennikov Verlags

www.grebennikov.de
www.explorise.de

ISBN 978-3-941784-13-0
1. Auflage Berlin 2012

Grebennikov
Verlag

Von Ale bis Zwickel

• ● • •

Das ABC des Bieres

Peter Eichhorn

Berlin • Moskau

Inhaltsverzeichnis

Vorwort · 006

Vom ersten Rausch zum Reinheitsgebot
Bier und seine Geschichte · 008

Exkurs: Die Mächtigen und ihr Bier · 024

Exkurs: Brand und Bier · 026

Mälzen, Läutern, Gären – Es darf gebraut werden
Vom Feld in die Flasche · 028

Exkurs: An der Grenze zum Bier
Biermix und Alkoholfreies · 040

Deutsche Brautraditionen
Biere in Deutschland, Österreich und der Schweiz · 042

Exkurs: Vom Kindl zum Rollberg
Braukultur jenseits der großen Konzerne · 070

Bier in Europa
Braukunst der alten Welt · 072

Exkurs: Der Weltmarkt
Lokales Produkt, globale Vermarktung · 092

Biere der Welt
Zwischen den Weltmeeren und über die Kontinente 094

Exkurs: Das Bier der US-Präsidenten 102

Bierkultur und Biergenuss
Traditionspflege und Verkosten 104

Exkurs: Der Kronkorken
Die Krönung einer Flasche Bier 116

Exkurs: Zigarre und Bier
Rat vom Cigarrensommelier Matthias Martens 118

Bier und Bildung
Bier- und Brauwissen. Vom Amateur zum Profi 122

Exkurs: Prost, Cheers und Salute
Wohlsein international 128

Register
Von Ale bis Zwickel – Biere und Brauereien 130

Personen-, Orts-, und Sachregister 134

Mehr Bier –
Verbände, Blogs, Literatur 138

Autor 141

Abbildungsverzeichnis 142

Vorwort

Einleitung zu einer Einladung zur Freude am Bier

„Die erste Pflicht der Musensöhne ist, dass man sich ans Bier gewöhne!", forderte bereits Wilhelm Busch.

Willkommen in einer genussvollen Kulturgeschichte. Oder ist es doch eine kulturelle Genussgeschichte? Jedenfalls möchte dieses Buch Ihre Neugierde wecken, ein Getränk, das Sie bestimmt bereits kennen, schätzen und gerne genießen, einmal neu zu betrachten. Oder neu zu entdecken.

Die Bierwelt ist rings um den Globus in Bewegung. Neue Trends werden geboren und alte Traditionen wiederbelebt. Die Welt ist gerade heute voll von innovativen Braumeistern und ihren faszinierenden Produkten – manche streng und schmackhaft den Richtlinien des Reinheitsgebotes von 1516 unterworfen, andere kreativ und köstlich am Rande oder außerhalb dieser Verordnung.

Berichte zu Handwerk und Tradition, zu Geschichte und Zukunft des in Deutschland und vielen weiteren Ländern der Welt meistkonsumierten alkoholischen Getränks erwarten Sie. Und natürlich darf der Trunk selbst nicht zu kurz kommen, auf dessen Herstellung und Verkostung intensiv eingegangen wird. Am besten nehmen Sie sich gleich ein erfrischendes Glas des Gerstensaftes zur Hand, um die Lektüre zu begleiten. Riechen Sie die duftige Schaumkrone? Spüren Sie das belebende Prickeln? Schmecken Sie die elegante Hopfennote, die gleich wieder Lust auf den nächsten Schluck macht?

Dann dürfen Sie sich nun den hoffentlich ebenso erquickenden folgenden Seiten widmen, in denen Sie Wissenswertes erfahren über die Biernationen, Bierstile und ausgewählte Brauereien.

Vor allem aber soll Sie dieses Buch ermuntern, Bier einmal zu betrachten, wie Sie es vielleicht bisher noch nie getan haben. Oder fließt vom Zapfhahn Ihres Lieblingslokals mehr als eine Sorte? Bietet Ihr Bierlieferant möglicherweise ein vielschichtiges Sortiment an? Und haben Sie Ihren Kellner oder Getränkefachverkäufer schon einmal nach einer Bierempfehlung zu einem Gericht gefragt?

Der britische Whiskyguru und Bierfachmann (und übrigens als Musiker nicht in Erscheinung getretene) Michael Jackson äußerte einmal große Verwunderung darüber, dass kaum ein Land so deutlich auf seine Biertradition verweist wie Deutschland, dass aber gerade hier oftmals mit extremer Beliebigkeit „ein Bier" bestellt wird. Und je nachdem, wo im Lande man sich gerade befindet, erhält man dann ein Helles, Pils, Kölsch oder Alt.

Der Bierfreund und Musiker Frank Zappa philosophierte über die Bedeutung des Gerstensaftes für eine nationale Identität: „Du kannst kein wirkliches Land sein, wenn du nicht über ein Bier und eine Airline verfügst. Es mag helfen, wenn du eine Art Fußball-mannschaft hast oder ein paar Nuklearwaffen, aber auf jeden Fall muss mindestens ein Bier her."

Deutschland gab ihm Recht, als zur Fußball-Weltmeisterschaft 2006 der Ausschank eines amerikanischen Sponsorenbieres in den Sta-dien drohte. Heftige Empörungszustände und Petitionen sorgten schließlich für den Ersatz durch ein heimisches Produkt und die Wogen glätteten sich gerade noch rechtzeitig.
Also gibt es doch ein Bierbewusstsein in Deutschland. Möge es wachsen und zum Erhalt der heimischen Biervielfalt beitragen. Seit Jahrzehnten verschmolzen Brauereien in immer größeren Konzernen, individuelle Bierstile und Marken verschwanden, weil wirtschaftlich ein Einheitsstil als wünschenswert galt. Heute setzen Braumeister in kleinen Hausbrauereien und Craft Breweries dagegen und brauen individueller. Begeisterte Händler mühen sich durch Steuer- und Zollunterlagen, um internationale Köstlichkeiten zu beschaffen.

Wenn es gelingt, dass wir neugierig bleiben auf das nächste Bier, das andere Bier, das besondere Bier, dann wird es gelingen, diese köstliche Tradition der Bierkultur nicht nur zu bewahren, sondern auch zu erneuern. Dann ist vielleicht im Lokal demnächst eine Bier-bestellung möglich, die nicht beiläufig, nicht egal ist.

Lassen Sie uns bewusst genießen!
Auf Ihr Wohl!

Ihr Peter Eichhorn

Eichhorn als Flasche: Zu den Bieren, die dieses Buch schmackhaft und inspi-rierend begleiteten, zählte auch das der Brauerei Eichhorn in Hallstadt bei Bamberg. Verwandtschaft-liche Beziehungen sind jedoch nicht vorhanden.

Vom ersten Rausch zum Reinheitsgebot
Bier und seine Geschichte

Kein anderes Getränk – abgesehen von Wasser – begleitet die Menschheit mit ähnlicher Stetigkeit durch ihre Kulturgeschichte wie das Bier. Bier diente und dient als Rauschmittel, als Durstlöscher oder als kultisches Getränk, das die Götter schätzen. Im alten Ägypten war Bier als Grabbeigabe unerlässlich, die Römer nannten den Trunk Cervisia, nach Ceres, der Göttin der Fruchtbarkeit, und bei den Germanen sorgt Donnergott Thor dafür, dass in der göttlichen Ruhmeshalle Walhall genug Bier zur Verfügung steht. Wenn es donnert, reinigt Thor gerade seinen himmlischen Sudkessel.

Der Blick in die Geschichte und Mythologie des „flüssig Brot" führt zunächst nach Mesopotamien, wo vermutlich vor ca. 10.000 Jahren das erste Bier hergestellt wurde, und bringt uns dann nach Mitteleuropa, wo Hopfen, Reinheitsgebot und Pilsner Brauart das Getränk zu einem modernen Genussmittel weiterentwickeln.

Im Land des fruchtbaren Halbmonds

Der amerikanische Schriftsteller Washington Irving (1783 – 1859) erklärte: „Ein günstiger Wind trieb den Menschen zur Entdeckung des Bieres." Vermutlich ahnte er nicht, wie recht er hatte.

Woher kam plötzlich jenes süße Aroma, das so verführerisch nach mehr schmeckte? War es ein undichtes Dach, das Wasser in ein Behältnis mit Getreide tropfen ließ? Hatte womöglich jemand seinen Gerstenbrei stehen lassen und Feuchtigkeit und natürliche Hefen in der Luft lösten einen Gärprozess aus, indem sie den Zucker in Alkohol umwandelten? Jedenfalls kosteten die Menschen jene Substanz, fanden sie schmackhaft und erfreuten sich an dem Rausch, den sie auslöste. Die zufällige Entdeckung musste ausgebaut werden. Um 10.000 v. Chr. begannen die ersten Nomadenstämme, die wohl vom afrikanischen Kontinent gezogen kamen, sesshaft zu werden, vor allem in einem Gebiet, das der fruchtbare Halbmond genannt wird. Der Landstrich erstreckt sich im Norden der arabischen Halbinsel

Das Gebiet des fruchtbaren Halbmonds

von Ägypten über den Südosten der Türkei hinein ins Zweistrom-
land und den östlichen Iran. Auf der Landkarte zeichnet das Gebiet
in seiner Form eine nach Süden geöffnete Mondsichel nach, daher
der Name. Dieses Gebiet mit seinen fruchtbaren Böden bot den
Nomaden eine reiche Auswahl an Weideland für die Tiere und Nah-
rungsmittel für die Menschen wie Beeren, Nüsse und vor allem wild
wachsende Getreidearten.

Die Wildgetreidearten wie Gerste und Weizen erwiesen sich als
nahrhaft und genießbar, wenn sie gemahlen und in Wasser eingeweicht wurden. Die Erkenntnis, dass getrocknete Getreidekörner
eine sehr lange Haltbarkeit besitzen, verleitete jene Nomaden
womöglich zu der Entscheidung, sich niederzulassen, den Ackerbau
zu kultivieren und erste größere Siedlungen zu gründen.

Etwa in die gleiche Zeit fällt die Erkenntnis, dass auch Früchte und Honig gären und eine berauschende Wirkung hervorrufen können. Die
Ergebnisse dieser Entdeckung kennen wir heute als Wein und Met.
Unterlagen in Wort oder Bild liegen aus jener Zeit, die noch keine
Schrift kannte, nicht vor. Archäologische Funde und eine Reihe von
aktuellen wissenschaftlichen Experimenten zu Anbau und Ernte in
jener Region des fruchtbaren Halbmondes bestätigten die Vermu-
tungen über die ersten Landwirte, zugleich die ersten Biertrinker.
Erste historische Quellen und Funde mit bildlichen Darstellungen
gehen zurück auf die Zeit ab 4.000 v. Chr. Piktogramme, vor allem
auf zylindrischen Siegeln, zeigen Feste, Feierlichkeiten und Menschen, die sich am Bier berauschen. Sie trinken das Bier aus großen
Krügen mit Hilfe langer Trinkhalme. Vermutlich verhinderten die
Halme, dass verunreinigte Partikel oder größere Getreidebröckchen
mitgetrunken wurden.

*Der Biergenuss im alten
Babylon erfolgte mit Hilfe
von Trinkhalmen*

Die Dame, die den Mund füllt

Besonders die Sumerer in Mesopotamien fanden großes Gefallen an
dem Getränk. In Finanzaufstellungen jener Hochkultur identifizier-
ten Forscher ein erstes schriftliches Symbol für Bier, einen Tonkrug
mit diagonalen Linien.

Die oberste Zuständigkeit für die Braukunst wiesen sie dem
weiblichen göttlichen Wesen Ninkasi zu, die dem Mythos nach aus
dem sprudelnden Wasser heraus geboren wurde und deren Name
bedeutet: „Die Dame, die den Mund füllt".

Zwei verschiedene Mythen umgeben Ninkasi, die beide eng mit Bier
verbunden sind. Eine Legende berichtet, dass die Göttin Ninhursanga
aus Zorn ihren Gemahl Enki, den „Herrn der Erde", mit acht Pflanzen

*Das Symbol für Bier in der
sumerischen Keilschrift*

vergiftete, um ihn für sein lasterhaftes Treiben zu strafen. Sie gewann die Kontrolle über Enki zurück, indem sie acht Wesen schuf, welche die Wirkung der Gifte regulieren konnten, wie es Ninhursanga beliebte. Ninkasi wachte dabei über alkoholische Gifte, vor allem das Bier, welches Enki als Trank bevorzugte.

Archäologische Grabungen in der Nähe von Kairo förderten die Überreste einer 4.500 Jahre alten Bäckerei zutage, die gleichzeitig auch als Braustätte diente. Tafeln mit Schriftzeichen kamen dabei zum Vorschein, auf denen eine „Hymne an Ninkasi" Details über die Braukunst verrät. Die Lobpreisung der Ninkasi ist zugleich eine

Anleitung zum Brauen. Das Rezept fordert auf, eine sumerische Brotart, das Happir, mit Aromen zu versetzen und den wertvollen Sud in einem großen Bottich zum Gären zu bringen: „Ninkasi, du bist diejenige, die das auf dem Boden abgesetzte Malz wässert. Die edlen Hunde halten sogar die Machthaber fern. Du bist diejenige, die das Malz in einem Gefäß tränkt. Die Wogen erheben sich, die Wogen sinken."

Auch der zeitgenössische Trinkspruch zu der Hymne ist überliefert: „Was dein Herz erfreut, das erfreut auch unser Herz. Unsere Leber ist glücklich und unser Herz ist fröhlich. Möge Ninkasi stets mit dir sein."

Fragmente von Tontafeln ermöglichen es Archäologen, das Gilgamesch-Epos zu rekonstruieren

Die zweite mythische Erzählung zu der sumerischen Bierbeauftragten ist in einer der ersten bedeutenden literarischen Kulturgeschichten der Menschheit enthalten: Das Gilgamesch-Epos, das die Vergänglichkeit, Loslösung von den Göttern und Freundschaft zum Inhalt hat. Der sagenhafte König Gilgamesch, teils Mensch, teils Gottheit, erlebt darin verschiedenste Abenteuer. Eines schildert, wie er seinen wilden Freund Enkidu zivilisieren möchte und ihm dazu die Tempeldienerin und Dirne Ninkasi, schickt: „Da lebte der wilde Enkidu, das zottelige Wesen, in der Steppe und fraß das Gras mit den Gazellen. Ihm schickte der Halbgott eine leichte Dame, um ihm Kultur beizubringen. Enkidu weiß nicht, wie man Brot isst, versteht es nicht, Bier zu trinken. Da tat die Dirne ihren Mund auf und sprach zu Enkidu: ‚Iss das Brot, Enkidu, das ist das Leben, und trinke Bier, wie es Brauch ist im Lande.' Enkidu aß das Brot, bis er satt war, und trank das Bier, sieben Krüge voll. Da entspannte sich sein Inneres und sein Herz frohlockte, sein Antlitz strahlte und er wurde heiter. Er wusch sich den zottigen Leib und salbte sich mit Öl und ward ein Mensch."

Die Gestalt der Ninkasi verdeutlicht, dass das Ausüben der Braukunst wie auch des Backhandwerks lange Zeit weibliche Tätigkeiten waren – neben der schwierigen Herausforderung, dem männlichen Geschlecht Manieren beizubringen.

Die Trunkenbolde des Pharao

Im benachbarten Ägypten erlangte das Bier, genannt Hekt, zu etwa gleicher Zeit Bedeutung und Popularität. Vorgebackenes Brot bildete die Grundzutat für den späteren Gärprozess.

Eine gängige Höflichkeitsfloskel lautete: „Mögest Du stets reichlich Brot und Bier besitzen", wie Forscher anhand von Hieroglyphen nachweisen konnten. Aus den Zeichen für Bier und für Brot setzt sich die Hieroglyphe für Mahlzeit zusammen und verdeutlicht das innige Verhältnis beider Grundnahrungsmittel.

„Der Mund eines glücklichen Mannes ist mit Bier gefüllt", lautet eine alte ägyptische Weisheit, welche die Menschen vom Nil tatsächlich sehr ernst nahmen. Bier fand Verwendung als Heil- und Zahlungsmittel und als Lohn. Die Bauarbeiter, die um 2.500 v. Chr. die Pyramiden der Totenstadt Gizeh errichteten, erhielten neben Brot auch eine Tagesration von acht Litern Bier. Die Vorarbeiter durften über eine noch größere Menge verfügen. In der kleinsten der drei Pyramiden von Gizeh, errichtet für den Pharao Menkaure, auch Mykerinos genannt, findet sich das Graffito eines Bautrupps, bei dem sich die Arbeiter als „Menkaures Trunkenbolde" verewigten.

Enkidu zähmt einen Löwen

Die Bedeutung von Bier wuchs beständig und es entwickelte sich zum wichtigen Wirtschaftsfaktor. In der Amtszeit von Pharao Ramses II. entstanden große Brauereien, die 30.000 Fässer im Jahr produzierten. Die Steuereinnahmen, die der Bierhandel abwarf, füllten die Staatskasse erheblich. Aromazutaten wie Safran, Honig und Anis trugen zur Geschmacksvielfalt bei, und so kannten die Ägypter zunächst fünf Biersorten, im zweiten Jahrtausend v. Chr. bereits an die zwanzig. Sie trugen Namen wie „Das Schöne", „Der Freudenspender" oder „Das Himmlische". Ein wenig ungerecht muten dabei die unterschiedlichen Stärkegrade der Gebräue an, wenn wir erfahren, dass bei Hofe teilweise Bier aus-

Ägyptische Figurengruppe als Darstellung der Bierherstellung

geschenkt wurde, welches 48-mal alkoholischer daherkam als die Schwachbiere für Ottonormalägypter. Der Oberste in der Hierarchie durfte der Maßloseste sein – der Rausch führt in den Zustand, bei dem die Ebene des Göttlichen greifbar erscheint.

So schrieben die alten Ägypter ihren Gottheiten Isis und Osiris die Erfindung des Bieres zu, und es fand bei sakralen Anlässen reichlich Anwendung. Zahlreiche Grabbeigaben beziehen sich auf Bier, da das Getränk auch im Jenseits, für das Osiris verantwortlich zeichnete, nicht fehlen durfte. Auf Sarkophagen versprechen Inschriften den Verstorbenen im Jenseits ein Bier, „das niemals sauer wird". Entsprechende Wandmalereien, Biergefäße oder Biersiebe in den Grabstätten wie beispielsweise im Grab des 1.335 v. Chr. beigesetzten Pharao Tutenchamun sind üblich.

Neben den Bierritualen, die die Götter einforderten, kannten die Ägypter auch besondere irdische Momente, bei denen das Getränk von Bedeutung sein konnte. Akzeptierte beispielsweise eine Dame einen Schluck Bier aus dem Gefäß eines Mannes, so galten die beiden als verlobt. Bei der anschließenden Hochzeit kam dann eine weitere übliche Grußformel zum Einsatz, wenn es für die beiden hieß: „Lasst niemals davon ab, Bier zu trinken, zu essen, euch zu berauschen, zu lieben und die schönen Tage zu feiern."

Diese Wandmalerei aus einem Grab bei Luxor (ca. 1.500 v. Chr.) zeigt die Verwendung von Brot bei der Bierproduktion

Gesetze des Gärens

Dem Niedergang der sumerischen Kultur folgte der Aufstieg der Babylonier. Aus dem 18. Jahrhundert v. Chr. stammt die älteste Gesetzessammlung der Welt, der Codex Hammurapi. Wenig verwunderlich, dass Bier in dieser frühen Rechtsetzung eine bedeutende Rolle einnimmt.

Im Pariser Louvre können die Teile der 2,25 Meter hohen Steinsäule mit den in Keilschrift festgehaltenen Gesetzen bewundert werden, die König Hammurapi erließ. Von den insgesamt 282 Gesetzen verzeichnen die Paragraphen 108 bis 121 die erste offizielle Getreide- und Schankordnung der Geschichte. Danach stand den Bewohnern Babyloniens eine tägliche Bierration zu, wobei sich die Menge aus Funktion und Stand des Einzelnen ergab. Hohepriester erhielten mit fünf Litern die größte Menge. Den Verkauf von Bier gegen Geld gab es nicht, stattdessen war ein Tausch vorgesehen, bei dem Bier gegen Gerste ausgeschenkt wurde. Auch Preisobergrenzen formuliert der Codex Hammurapi. Ließ sich eine Wirtin dann doch dazu verleiten, lieber klingende Münze anzunehmen, so hieß die Strafe: Tod durch Ertränken. Ebenfalls ins Wasser geworfen wurde diejenige Wirtin (Männer sind im Schankbetrieb Babyloniens nicht vorgesehen), die minderwertiges Bier servierte. Der strenge 110. Abschnitt macht klar, dass eine Hierodule – eine Priesterin –, die nicht im Kloster wohnt, kein Bierhaus eröffnen und auch in keiner Schankstube verkehren durfte, sonst wurde sie verbrannt.

Der schwarze Basaltstein mit dem Codex Hammurapi

Archäologen können heute die Grabfunde genau analysieren und darin sehr präzise Hinweise auf die Zusammensetzungen der Speisen und Getränke entdecken. Immer wieder nehmen Brauereien diese Ergebnisse auf und versuchen, die historischen Getränke zu rekonstruieren, wie das Midas Touch der Brauerei Dogfish Head in Milton im amerikanischen Bundesstaat Delaware, das nach einem Urgetreide benannte Emmerbier aus dem Riedenburger Brauhaus oder das gemäß den Gesetzen des Königs Hammurapi gebraute „Babylonische Bier" aus der winzigen Schlossplatzbrauerei Coepenick bei Berlin.

Für Athen und Rom darf es lieber Wein sein

Vielleicht nicht zufällig das Volk der großen Philosophen, wussten die alten Griechen einen ordentlichen Rausch durchaus zu schätzen, wie ihre Redensart verrät: „Hüte dich vor jenen, die nur Wasser trinken und sich am nächsten Tag daran erinnern, was die anderen am Abend zuvor gesagt haben."
In die Kunst des Bierbrauens wurden daher die Hellenen ebenfalls eingeweiht. Sie erhielten ihr Wissen wohl über die guten Verbindungen nach Ägypten, wenngleich ihre beim Dichter Aischylos im 5. Jahrhundert v. Chr. zu findende Bezeichnung für jene „Leute, die Met aus Gerste trinken", recht abfällig klingt. Die Griechen konnten bereits sehr gut mit dem Weinbau umgehen, den sie so sehr schätzten, dass sich der Gerstensaft dort nicht in gleicher Weise durchsetzte. Bier galt eher als Armeleutegetränk oder als Heilmittel. So steht bei dem Mediziner Hippokrates, nach dem der berühmte Eid benannt ist, zu lesen, dass „Gerstensud" lindernd gegen Fieber und Schlaflosigkeit wirke. Der Philosoph Aristoteles,

Mit „Midas Touch" folgt die Brauerei Dogfish Head den Anweisungen von König Hammurapi und braut ein Getränk mit 9 % Alc., dessen Geschmack zwischen Met und Wein angesiedelt ist

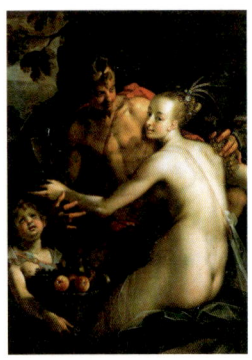

Ceres greift nach dem berauschenden Getränk in dem Gemälde „Bacchus, Ceres und Amor" von Hans von Aachen (1552–1615)

Dionysos, Gott des Weines, der Freude und der Extase

Lehrer Alexanders des Großen, erforschte das Bier und seine Wirkungen recht ausführlich und kam zu der interessanten Einsicht: „Bier besitzt die Eigentümlichkeit, den Menschen, der zu viel davon getrunken hat, nach rückwärts fallen zu lassen, während allzu reichlicher Weingenuss ein Niederstürzen nach allen Seiten verursacht." Die Göttin Demeter galt den Griechen als Herrscherin über die Jahreszeiten, den Ackerbau und das Getreide. Ihr römisches Pendant heißt Ceres, gleichfalls Göttin der Feldfrüchte, der Fruchtbarkeit und der Ehe, deren bildliche Darstellung oft einen Ährenkranz aus Gerste und Weizen trägt. Von ihrem Namen stammen Worte ab wie Cerealien – was vor der unrühmlichen Verdeutschung der englischen Bezeichnung für Frühstücksflocken nur das Fest zu Ehren der Göttin meinte – und eben Cervisia, das die Lateiner vermutlich aus „Cereris vis", die Kraft der Ceres, gebildet hatten.

Dennoch hielten es die Römer wie die Griechen, wenn sie den Wein bevorzugten. „In vino veritas" hieß es: Die Wahrheit liegt im Weine. Lediglich Kaiser Flavius Valens entwickelte um 360 v. Chr. eine große Leidenschaft für das Gebräu, welche ihm bei seinen Zeitgenossen den Beinamen „Sabaiarius" eintrug nach einem alpenländischen Bier, welches seinen Namen wiederum von Sabadios bezog, einer Gottheit, die ähnlich orgiastisch geprägte Überlieferung erfährt wie der nahe Wein-Verwandte Dionysos.

Legionäre lernten alsbald auf den Feldzügen weitere Arten von Getränken und Bieren kennen. Berichterstatter, welche die Feldzüge begleiteten, erzählen beispielsweise von iberischen Hirsebieren und Gerstengebräu oder sie erwähnen die Germanen, die ihre Biere mit Wacholder, Eichenrinde, Honig, Laub, Pilzen, Moosbeeren und anderen Gewürzen abschmeckten. Julius Cäsar vertrat bald die Ansicht, dass Bier durchaus ein nahrhafter Durstlöscher für seine Soldaten sei, und so erreichte der Trunk im Marschgepäck der Legionäre die Britischen Inseln – mit den bekannten Folgen für die englische Trinkkultur.

Donnerwetter, die Gottheit der Germanen braut selbst
Bei den Germanen herrscht zwischen Mensch und Bier eine besonders enge Beziehung, wie bereits im Jahr 98 v. Chr. der römische Schriftsteller Cornelius Tacitus im 23. Kapitel seiner „Germania"-Schriften über die kriegerischen Barbaren des Nordens bemerkt. Er nennt Bier deren Hauptgetränk und staunt über ihre Trinkgepflo-

genheiten: „Tag und Nacht durchzechen sie, und man könnte sie ebenso gut mit der Lieferung berauschender Getränke besiegen, wie durch die Gewalt der Waffen." Kälte und Hunger könnten die tapferen Germanen erdulden, nicht aber den Durst nach ihrem Gerstensaft. Mutig kostet Tacitus den Barbarentrunk und findet, dieser schmecke wie schlechter Wein.

Im germanischen Heldenhimmel zechen die Gottheiten mit den verstorbenen Kriegern an Wotans Tafel um die Wette und die Göttin Frigg bedient als Mundschenkin. Eine frühe sagenhafte Überlieferung berichtet vom Diebstahl des göttlichen Braukessels, woraufhin die Götter Tyr und Thor einen neuen Kessel beschaffen sollen. Die beiden wollen wiederum dem Riesen Hymir, der im Eismeer lebt, seinen Riesenkessel entwenden. Die Schar der Giganten um Hymir leistet erbitterten Widerstand. Er nützt ihnen nichts, sie werden alle von den durstigen Göttern getötet. Besonders Thor ist rasend darauf erpicht, seinem Lieblingsgetränk schnell wieder frönen zu können. In der Mythologie der nördlichen Keltenstämme nimmt jener Donnergott und Bierliebhaber eine besondere Stellung ein. Als eine Art göttlicher Oberbraumeister hat Thor seine Aufgabe darin, die Tafel der gefallenen Helden von Walhall mit reichlich Bier zu versorgen. Den neuen Kessel montiert er an der Himmelskuppel. Hängt der Himmel voller Wolken, so braut er gerade den Göttertrank, hören wir Donner erschallen, dann reinigt Thor seinen riesigen Braukessel. Ein Wetttrinken zwischen Thor und Loki, dem Gott der Unterwelt, erklärt ein weiteres Naturereignis. Loki schummelte, indem er eine Art Leitung an Thors Trinkhorn montierte, die er mit dem Meer verband. In diesem Zechgelage konnte selbst der Donnergott nicht bestehen. Sein starker, durstiger Zug an dem Gefäß brachte das Meer immerhin in Wallung, und seither gibt es Ebbe und Flut.

Thor hat Hymir zu einem kühnen Fischzug überredet. Ein Ochsenkopf dient als Köder für die Midgardschlange, eine riesige Seeschlange, die zu den germanischen Weltfeinden zählt

Die Germanen tranken von dem Bier reichlich selbst, nutzten es aber auch zur Götterverehrung und als Grabbeigabe. Der seltene Wein war den Göttern vorbehalten, Met war für das Totenreich bestimmt, wie die Edda überliefert, das mythologische nordische Dichtwerk und Heldenepos. Die volkstümliche finnische Dichtung Kalevala enthält 400 Verse zum Thema Bier. Die Erschaffung der Welt muss mit der Hälfte auskommen.

Prachtvoll verzierte Trinkhörner und andere Gefäße bezeugen die Verbundenheit von Trinkfreude, Kult und Kultur. Im Archäologischen Landesmuseum Mecklenburg-Vorpommern in Schwerin kann das Horn von Wismar bestaunt werden, verziert mit Bildern und Runen, eines der aufschlussreichsten Zeugnisse der Bierkultur jener Epoche.

Der heilige Columban (540–615). Fensterbild in der Abtei Bobbio

„Und er verwandelte Wasser in Bier"?!?

Unser historischer Rückblick führt uns nun an die Zeitenwende und zum Christentum, das für die Weiterentwicklung der Braukunst, vor allem in den Klöstern, eine wichtige Rolle spielen sollte.

In der Bibel kommt an zahlreichen Stellen eher dem Wein eine herausragende Funktion zu. Bei der Hochzeitsfeier zu Kana verwandelt Jesus Wasser in Wein, später erklärt er: „Ich bin der wahre Weinstock, und mein Vater ist der Weingärtner." Seit dem ersten christlichen Abendmahl symbolisieren Wein und Brot, in bildlichen Darstellungen oft Weintraube und Ähre, das Blut und den Leib Christi.

Archäologische Funde verweisen darauf, dass Bier bei den Juden, auch bei den frühen Christen sehr beliebt war, wenngleich Moses das auserwählte Volk aus einem Land des Bieres in eine Region des Weines führte. Diverse Übersetzungen der Bibel, vor allem im englischsprachigen Raum, übersetzen den Alkohol in der Bibel zumeist als „starkes Getränk" und deuten zuweilen die Passagen, in denen wir hierzulande von Wein sprechen, als Geschehnisse rund um das Bier. Bei der Hochzeit von Kana in Galiläa wären 600 Liter Bier vermutlich verträglicher gewesen als die gleiche Menge Wein.

Bei der Missionierung der heidnischen Stämme der Kelten geriet der irische Wandermönch Columban von Luxeuil um das Jahr 611 an eine Gruppe Schwaben, die sich gerade um ein riesiges Bierfass scharten, um der Gottheit Odin zu huldigen. Verärgert über das Ritual holte Columban tief Luft und blies mit aller Kraft auf das Fass, das daraufhin zerbarst. Das schäumend herausfließende Bier zeigte den Heiden, dass der Teufel in dem Fass gesteckt hatte, der sie mit dem berauschenden Trunk verführt hatte, um ihrer Seelen habhaft zu werden. Beeindruckt und erschrocken ließen sich die Heiden von dem Mann mit dem starken Atem zum Christentum bekehren. Andere Missionare stellten ebenfalls die enge Verbundenheit ihrer heidnischen Schützlinge zum Bier fest, setzten aber das Getränk sehr klug für ihre Zwecke ein. Mönche und Nonnen trugen fortan in hohem Maße zur weiteren Entwicklung der Braukunst bei.

Nie wieder unterhopft!
Zu Weihnachten im Jahre 800 verlieh Papst Leo III. in einem großen Krönungsakt Karl dem Großen die Kaiserwürde. Die Ära seiner Regentschaft bedeutete einen kulturellen Aufschwung für Europa, von dem auch das Brauwesen profitierte.
Allmählich widmeten sich mehr Männer jenem Handwerk, das bis dahin in weiblichen Händen geruht hatte. Immer mehr Mönche waren aktiv in der Bierproduktion in den zahlreichen Klöstern, die intensiv in den Getränkehandel einstiegen. Die Motivation der Mönche lag zudem in der alten Formel: „Liquida non frangunt ieunum", die festlegt, dass man mit Flüssigkeiten nicht das Fasten bricht.
Aus der Zeit um 814 datieren sorgfältig ausgearbeitete Pläne für das Kloster St. Gallen in der heutigen Schweiz, das als erstes Braukloster gelten darf. Der Grundriss sieht drei Brauhäuser vor und schließt Kühl- und Gärhäuser genauso ein wie eine Böttcherei zur Fassherstellung. Weitere Brauklöster nahmen den Plan zum Vorbild, und so können bereits im Hochmittelalter rund 500 Klosterbrauereien verzeichnet werden. Steigende Qualitäten fanden immer mehr Abnehmer außerhalb der Klostermauern und trugen so zunehmend zu einem reellen Geschäft bei.

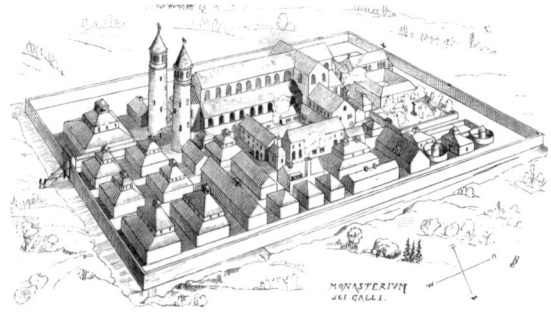

Das Kloster St. Gallen in einer Rekonstruktion nach Plänen aus dem frühen 9. Jahrhundert

Das 8. Jahrhundert bedeutet eine einschneidende Wende in der Bierkultur. Neben Brauzutaten wie Bilsenkraut, Anis, Lorbeer, Johanniskraut, Baumrinden und Rosmarin kam allmählich die Verwendung von Hopfen hinzu, einer Pflanze, die bislang gegessen wurde, ähnlich zubereitet wie Spargel.

Zu dieser Zeit taucht in einigen Quellen ein Herr Gambrinus auf, oft als König von Flandern bezeichnet. Leider müssen wir den König, dem zeitweise als dem Erfinder des Bieres und ersten Nutzer von Hopfendolden gehuldigt wurde, in das Reich der Fantasie verweisen. Manche Bierhistoriker halten ihn für den Hausbraumeister Karls des Großen, andere sehen in ihm „Jan Primus", einen Adeligen aus Flamen, der auf Deutsch Johann I. genannt würde. Die erstmalige, wohl eher zufällige Anwendung von Hopfen im Bier fällt tatsächlich in diese Phase um die Regierungszeit Karls des Großen. Allerdings sollte sich erst viel später herausstellen, warum die weibliche Hopfenpflanze dem Brauwesen dermaßen nützen kann, dass man sie als „Seele des Bieres" betiteln würde.

Heute weiß jeder Braumeister von den Vorzügen der weiblichen Hopfendolden zu berichten, deren Bitterstoffe dem Bier eine typische Geschmacksnote und einen festen Schaum verleihen. Die enthaltenen ätherischen Öle beeinflussen das Aroma des Bieres und die Gerbstoffe helfen dabei, das Bier haltbarer zu machen. Statt den Naturhopfen des Mittelalters verwenden die Braumeister unserer Tage gepressten Hopfen als Pellets oder einen flüssigen Hopfenextrakt.

Der sagenhafte König des Bieres: Gambrinus

Klosterbräu, Braubürger und Bierhexen

Mit dem Kloster St. Gallen begegnete uns bereits eine erste frühe Bierfabrik, der Fortschritt im Brauwesen ging danach weiter sehr zügig vonstatten. Die Mönche bauten ihr Biergeschäft aus und profitierten davon, dass Klosterbräu vielfach von der Besteuerung befreit war. Einigen Herrschern missfiel dies sehr, und so schlossen sie manche Klosterbrauerei. Hofbräu und Bürgerbräu konkurrierten zunehmend mit dem Klosterbräu, und neue Steuermodelle ließen die Monarchen am üppigen Bierkonsum gleich in mehrfacher Hinsicht teilhaben.

Zuvor bildet für den deutschsprachigen Bereich das Jahr 1040
mit einem Schriftstück einen fragwürdigen Meilenstein, auf das
sich das Kloster Weihenstephan bei Freising beruft, um den Titel
„Älteste Brauerei der Welt" zu führen.
In der betreffenden Urkunde erteilt
der Freisinger Bischof Egilbert von
Moosburg dem Benediktinerkloster die
„Braugerechtsame", also das Braurecht.
Die Urkunde gilt jedoch als Fälschung
aus dem 17. Jahrhundert, und so
dürfte das Recht auf die Bezeichnung
als „Älteste Klosterbrauerei der Welt"
der bei Kelheim an der Donau gelegenen Weltenburger Klosterbrauerei von
1050 zustehen.
Waren, wie erwähnt, inzwischen vielfach Mönche im praktischen Brauwesen tätig, so gilt es, die besonderen
Verdienste einer Nonne um das Wissen
über Bier hervorzuheben. Hildegard
von Bingen (1098–1179) verfasste
Schriften zu Ursachen und Heilung von
Krankheiten und empfahl darin des
Öfteren, Bier zu trinken, beispielsweise
bei Schwermütigkeit.
Wir dürfen dabei nicht vergessen, dass
Bier oft sauberer und somit gesünder

war als Wasser. Besonders in den Städten sollten Choleraepidemi-
en, verursacht durch verschmutztes Wasser, verheerende Wirkung
entfachen. Erst in der zweiten Hälfte des 19. Jahrhunderts konnten der Erreger festgestellt, seine Verbreitung durch Kanalisation
und weitere Hygienemaßnahmen eingedämmt und die Krankheit
behandelt werden.

Wie im Wort Bürgerbräu schon anklang, konnten die Bewohner der
Städte von ihren Landesherren ebenfalls ein Braurecht verliehen
bekommen. Bierbeamte prüften Produktion und Qualitäten und
wachten darüber, dass die „Braubürger" die jeweiligen Vorschriften
einhielten. Die Städte und Fürsten erließen erste Vorläufer eines
Reinheitsgebots. Friedrich Barbarossa verlieh 1156 Augsburg die
Stadtrechte und verzeichnete in jener „Justitia Civitatis Augustensi"

*Hildegard von Bingen be-
schreibt ihre Erleuchtung:
„Es geschah im Jahre
1141, als ich 42 Jahre und
7 Monate alt war. Aus
dem offenen Himmel fuhr
blitzend ein feuriges Licht
hernieder. Es durchdrang
mein Gehirn und setzte
mein Herz und die ganze
Brust wie eine Flamme in
Brand und plötzlich erhielt
ich Einsicht."*

auch Biervorschriften. Dem Wirt, der mindere Qualität anbot oder zu wenig ausschenkte, drohten demnach Strafen.

Weitere Richtlinien und Gesetze und damit verbundene Qualitätsverbesserungen kamen bald in Bayern, Franken und Thüringen hinzu und verbreiteten sich weiter.

In der Bilderhandschrift der Nürnberger Familie Mendel aus der Zeit um das Jahr 1425 findet sich die älteste Darstellung eines Braumeisters, Herttel Pyrprew genannt, der in einem befeuerten Braukessel rührt. An einer Stange über ihm ist ein Hexagramm befestigt, ein altes Symbol, das den Bierausschank einer Brauerei anzeigt. Je nach Region kennen es die Durstigen als Braustern, Bierzeiger, Zoigl oder Zoiglstern. Vermutlich symbolisiert der Stern die Elemente, die der Brauvorgang benötigt, es mag sich jedoch auch um ein Schutzsymbol handeln, das Gefahren wie Feuer oder böse Geister abwenden soll. Unterschiedliche Farben am Braustern zeigten an, welche Biere der Ausschank anbot. Bis heute markiert das Zeichen Gasthäuser und schmückt Flaschenetiketten. Zufällig gleicht der Bierzeiger dem jüdischen Davidstern, was bei einigen Wirten und Brauern für Scherereien mit den Nazischergen sorgte.

Der brauende Mönch und der Zoiglstern aus dem Hausbuch der Familie Mendel (ca. 1425)

Nach wie vor spielten Frauen eine nicht zu unterschätzende Rolle bei der Bierproduktion. Dummerweise berauschten die Menschen des Mittelalters sich nicht nur am Gerstensaft, sondern auch an der Hexenjagd. Unerklärliche Phänomene oder ein missratenes Gesöff schrieb die fanatisierte, möglicherweise betrunkene Meute rasch den „Brauhexen" zu. Zahlreiche Todesurteile wurden am Galgen oder auf dem Scheiterhaufen vollstreckt, beispielsweise unterstellte man einer dämonischen Braufrau, im Bier gebadet zu haben. Aufmerksame Beobachter wollten nun nicht nur Hexen gesichtet haben, die auf Besen ritten, sondern andere, die auf Braukesseln umherflogen. Ein weiterer Anklagepunkt warf den armen Frauen vor, Krötenhexen zu sein, die sich verwandelten, um frevelhaft verschüttetes Bier vom Boden zu sich zu nehmen.

Norddeutscher Trend: Ainpöckische Biere

Im 16. Jahrhundert ebbte die Hatz auf Bierhexen allmählich ab, und es dürfen weitere positive Entwicklungen vermeldet werden.

Die Braukultur erlebte bereits im 13. Jahrhundert auch in Norddeutschland einen gewaltigen Boom und der Handelsverbund der Hanse sorgte für einen weiträumigen Vertrieb, auch nach Skandinavien und England.

Besonders die Biere aus der Stadt Einbeck, deren Brautradition bis ins Jahr 1378 zurückgeht, erlangten Berühmtheit. 1521 soll Martin Luther auf dem Reichstag zu Worms nach dem Genuss eines Kruges erklärt haben: „Der beste Trank, den einer kennt, der wird Einbecker Bier genennt." Selbst die bierverwöhnten Bayern beeindruckte das schwere, alkoholstarke niedersächsische Gebräu, so dass sie 1612 einen der Braumeister nach München abwarben. Da die bayerischen Zungen Schwierigkeiten mit der hochdeutschen Aussprache von „Einbeck" hatten, klang das Bier im Süden nach „Ainpöckischem Bier" und „Oanpock" und wurde fortan zum Bockbier. Zu seinen Liebhabern zählte der Dichter Heinrich Heine (1797– 1856), welcher feststellte: „Ebenfalls, so schäumet hier, Geist und Phantasie anregend, holder Bock, das beste Bier."

Die Bank bleibt bei der Bierprobe an der Lederhose kleben, also hat der Brauer ausreichend Malz verwendet und sein guter Sud besteht die Prüfung

Wasser, Gerstenmalz und Hopfen – Das Reinheitsgebot

Ein frühes Beispiel von Qualitätskontrolle beim Bier bestand darin, dass die Stadtoberen in Lederhosen zur Braustätte kamen und auf Bänken oder Hockern Platz nahmen, auf die der Brauer zuvor sein Gebräu gegossen hatte. Wenn die Herren nach zwei Stunden auf Kommando aufstanden, musste das Sitzmöbel am Hinterteil festkleben, dann hatte das Bier seine Prüfung bestanden und ward für gut befunden. Verstöße gegen die Schankbestimmungen ahndeten die Ordnungshüter mit Geldstrafen, oder, noch schlimmer, sie zwangen den Braulümmel, sein missratenes Bier selber zu trinken. Ein Lebensmittelgesetz, das wie kein anderes die deutsche Braukultur prägt, hat schon fast 500 Jahre Gültigkeit: das Reinheitsgebot des Bieres. Am 23. April 1516 verordnete der bayerische Herzog Wilhelm IV., unterstützt von seinem Bruder Ludwig X., dass Bier fortan ausschließlich aus reinem Wasser, Gerste und Hopfen hergestellt werden durfte. Die Bedeutung der Hefe kannten die Brüder noch nicht. Zu ihrer Zeit halfen natürliche Hefen in der Luft, die Gärung in Gang zu setzen. Der Herstellung und dem Vertrieb von minderwertigen und gepanschten Bieren war nun Einhalt geboten. Ganz uneigennützig waren die Herzöge nicht, als sie die Bestimmung erließen, schließlich regelte sie auch die Preise und dadurch die Steuereinnahmen – die angesichts der gestiegenen Qualität und der damit verbesserten Konkurrenzfähigkeit des Südens gegenüber dem Norden umso stärker sprudelten.

Der Weg in die Gläser des 21. Jahrhunderts

Zahlreiche nützliche Erfindungen und Entwicklungen der folgenden Jahrhunderte veränderten die Trinkkultur und verbesserten die Biere, ohne jedoch das Reinheitsgebot signifikant zu verändern. Der preußische König Friedrich Wilhelm I. ersetzte um 1730 Wein als höfisches Getränk durch Bier. Sein Sohn, der spätere Friedrich der Große, erlernte das Braumeisterhandwerk. Die neue Pilsner Brauart eroberte ab 1842 die Herzen und Kehlen der Biertrinker. Der Chemiker Karl Josef Napoleon Balling aus Prag entwickelte 1843 das Saccharimeter, das den Gehalt von Zucker und Stammwürze bestimmen half. Die Revolutionsbewegung von 1848 trank untergäriges Bier, während die reaktionären Kräfte es obergärig hielten. Der französische Mikrobiologe Louis Pasteur schuf Methoden zur Haltbarmachung von Lebensmitteln und setzte 1857 bei der alkoholischen Gärung Milchsäurebakterien ein. In München trieb der Ingenieur Carl Linde die Kühltechnik entscheidend voran und gab 1879 sein Lehramt auf, um mit zwei Brauern eine erfolgreiche Kühlmaschinenfabrik zu gründen. Den Brauereien standen endlich alle Möglichkeiten offen, um Qualität

Urkunde mit dem Reinheitsgebot von 1516

Die studentische Feier wird Kneipe genannt. Bier ist ein wichtiger Bestandteil in dieser Darstellung aus der Zeit um 1810

und Haltbarkeit auf einem konstanten Niveau sicherzustellen. In den folgenden Kapiteln werden wir diese Entwicklungen noch genauer kennenlernen.

Frühe Fotografie einer typischen Bierkutsche

Zur Verbreitung der herrlichen Brauware diente zunehmend eine weitere neue Erfindung: die Eisenbahn, die ihre Jungfernfahrt am 7. Dezember 1835 von Nürnberg nach Fürth absolvierte. Wen wird es verwundern, dass das erste Frachtgut, das per Eisenbahn verschickt wurde, aus zwei Fässern Bier bestand. Am 11. Juli 1836 erhielt der Nürnberger Bierbrauer Lederer die Genehmigung, sein Bier gegen Zahlung von sechs Kreuzern an den Wirt der Gaststätte Zur Eisenbahn zu überführen. So treffen lebenswichtige Erfindungen aufeinander.

Briefmarke von 1985 in Erinnerung an die erste Eisenbahnfahrt der „Adler" von Nürnberg nach Fürth

In diesem Zusammenhang bemerkt zu Recht der New Yorker Schriftsteller und Pulitzer-Preisträger Dave Barry: „Ohne Zweifel ist Bier die größte Erfindung der Menschheit. Gut, ich gebe zu, das Rad war auch keine schlechte Idee, aber zu einer Pizza passt es nicht halb so gut wie ein Bier."

Exkurs:
Die Mächtigen und ihr Bier

Es geht eine gewisse Faszination von der Vorstellung aus, dass das eine oder andere alkoholische Getränk den Lauf der Geschichte bestimmt haben und auch heute noch in den Hinterzimmern bei politischen Verhandlungen eine Rolle spielen mag.

Gerade unser Bier taucht häufig in entscheidenden Momenten der politischen Geschichte auf – kein Zufall, denn, wie Fürst Otto von Bismarck vor dem Deutschen Reichstag in einer Rede am 28. März 1881 mit entschlossener (und womöglich vorwurfsvoller) Stimme erklärte: „Es wird bei uns Deutschen mit wenig so viel Zeit totgeschlagen wie mit Bier trinken."

Kein typischer Braumeister: König Friedrich II. von Preußen

Bereits ein Jahrhundert zuvor hatte in Preußen ein Bierkundiger den Thron bestiegen. Friedrich II., den man später als „Alten Fritz" und auch als Friedrich den Großen bezeichnen sollte, war gelernter Braumeister, als er 1740 die Königskrone erhielt. Eine Tradition der Hohenzollern-Familie sah vor, dass jeder Prinz ein Handwerk erlernte.

Der strenge Vater, Friedrich Wilhelm I., auch als Soldatenkönig bekannt, hatte in seinen Herrenrunden, den Tabakskollegien, zuvor das Bier bereits hoffähig gemacht. Kronprinz Friedrich durfte sich also mit dem Bierbrauen auseinandersetzen. Später äußerte er sich zu dessen Vorzügen: „Seine königliche Majestät höchst selbst ist mit Biersuppe erzogen worden. Die Väter kannten nur Bier, und das ist das Getränk, das für unser Klima passt."

Von Kaiser Wilhelm II. ist der Ausspruch überliefert: „Zeige mir eine Frau, die wirklich Geschmack am Bier findet, und ich erobere die Welt." Müssen wir bei der Betrachtung des Ausgangs des Ersten Weltkriegs nun darauf schließen, dass er eine solche Frau tatsächlich nicht zu finden vermochte?

Brauhäuser und Biergärten hatten sich zu jener Zeit bereits zu Orten der politischen Auseinandersetzung und Diskussion entwickelt. Ausgerechnet der Biergarten des ersten königlichen Hoflieferanten für Bier in Berlin sollte bedeutsam werden für das Ende der Monarchie. Heute stoßen Spaziergänger im Bezirk Prenzlauer Berg an der Kreuzung Saarbrücker Straße zur Prenzlauer Allee auf ein verwildertes Gelände von gewaltiger Größe. Die Bötzow-Brauerei, als größte Privatbrauerei Preußens, bewirtschaftete dort ein Gelände von über 30.000 Quadratmetern, zu dem ein Biergarten mit 6.000 Plätzen zählte. 1919 wurde dort der Revolutionsausschuss unter Führung von Karl Liebknecht gegründet. Ein verwitterter, vernachlässigter Gedenkstein an der Kreuzung soll daran erinnern.

Der Hoflieferant des Hohenzollern-Hofes. Die Bützow Brauerei in Berlin-Prenzlauer Berg. Heute wartet das große Areal auf eine neue Nutzung

Als ein ganz anderer Ort der deutschen Geschichte fand der Bürgerbräukeller im Münchner Stadtteil Haidhausen Einzug in die Geschichtsbücher. Hier begann der Marsch auf die Feldherrenhalle am 9. November 1923, als Adolf Hitler mit seinen Nazigetreuen einen Putschversuch startete, den die bayerische Landespolizei niederschlug. Nach 1933 inszenierten die Nazis im Bürgerbräukeller alljährlich am 8. November eine Gedenkveranstaltung zu dem Umsturzversuch. 1939 explodierte eine Bombe, die der Schreiner Georg Elser dort platziert hatte, um Hitler zu ermorden und so den Krieg zu verhindern. Acht Menschen starben und 68 wurden zum Teil schwer verletzt. Hitler war bekanntlich nicht darunter. Als die Bombe zündete, hatte er den Keller bereits verfrüht verlassen.

Versammlung der NSDAP im Münchner Bürgerbräukeller Mitte der 1920er Jahre

Exkurs: Brand und Bier

Warum reden wir eigentlich von Brand und vom Löschen, wenn es um Durst und Biergenuss geht? Eine mögliche Erklärung hängt mit Geschöpfen zusammen, die ihrerseits nur Wasser trinken …

Feuerschutzpolizei der Kaiserzeit mit Löschfahrzeug

Eilig zum Einsatz. Schnelle und kräftige Tiere mussten die Feuerwehren einspannen

Feuer bedeutet stets eine große Gefahr für die Städte und ihre Einwohner. Als im 18. und 19. Jahrhundert immer mehr Menschen mit der Hoffnung auf Arbeit und bessere Lebensbedingungen in die wachsenden Metropolen zogen, waren die Stadtväter gefordert, auf die Bedürfnisse der wachsenden Bevölkerung zu achten und Bedrohungen abzuwenden. Dazu gehörte auch die Professionalisierung der Feuerbekämpfung. Fanden sich in der Frühen Neuzeit freiwillig die Nachbarschaft oder die Angehörigen der Zünfte zusammen, wenn ein alarmierender Ruf erklang, so entstanden im 19. Jahrhundert in den anonymer werdenden Ballungsräumen immer mehr städtische Feuerwehren oder Feuerschutzpolizeiverbände. Vor der Ära des Automobils und der Motorisierung waren Pferde nötig, um mit Mannschaft und Löschgerät zu den Brandherden zu gelangen. Je schneller die Pferde,

desto besser. Kamen sie in die Jahre, so wurden die alten Klepper gegen junge, kräftige Tiere ausgetauscht. Die ausgemusterten Vierbeiner wurden sehr oft umgeschult, denn sie konnten immer noch ihre gewohnte Arbeit verrichten, wenn auch nicht in dem Tempo der Feuerwehr.

Gerne übernahmen die Brauereien jene Klepper und spannten sie vor ihre Bierkutschen. Kneipen und Destillen mussten mit dem Gerstensaft beliefert werden, um den Durst der wachsenden Bevölkerung zu stillen. Und so zogen die Gäule nun in gemächlicherem Tempo die andere Fracht durch die Straßen. So manche Lieferung traf jedoch verspätet oder gar nicht ein. Zumindest, wenn gerade Feueralarm gegeben wurde: Die Pferde waren gewohnt und auch trainiert, auf die Brandglocke zu reagieren, die sie jahrelang akustisch zum Einsatzort geleitet hatte. Nun vor den Brauereitransport gespannt, liefen sie gleichwohl nach alter Gewohnheit in Richtung des Signals. Der Bierkutscher konnte zerren und schimpfen, wie er wollte, stoisch trotteten seine Viecher zum Brand.

Schlaue Bürger wussten Bescheid und konnten sich in der bedrohlichen Situation immerhin freuen, dass in Kürze eine Ladung Bier vorgefahren kommen sollte – und so wurde recht oft nicht nur der Brand gelöscht, sondern auch der Durst.

Gerne originelles Utensil auf Bierfesten: umgebaute Löschfahrzeuge

Zum umfangreichen historischen Fundus der Carlsberg Brauerei in Kopenhagen zählt das historische Biergespann

Mälzen, Läutern, Gären – Es darf gebraut werden
Vom Feld in die Flasche

Eine stolze Anzahl von Arbeitsschritten muss geleistet sein, bevor der erfrischende Gerstensaft in unserem Glase oder Kruge schäumt. Der durchschnittliche deutsche Biertrinker verzehrt im Jahr übrigens ungefähr 121 Liter davon. Eine alte persische Weisheit erklärt: „Wenn du einen Freund hast, dann gib ihm ein Bier aus. Wenn du ihn wirklich liebst, dann lehre ihn das Brauen." Glücklicherweise übernehmen heute kundige und qualifizierte Fachleute für uns die Arbeiten, die Familien im Mittelalter oft in mühseliger Heimarbeit verrichteten.

Das Zunftsymbol der Brauer und Mälzer zeigt meist einen Bottich mit Werkzeugen wie Malzschaufel, Maischegabel und Bierschöpfer, umrankt von Gerstenähren und Hopfenranken.
Wie sagt die alte Volksweisheit?
Hopfen und Malz, Gott erhalt's!
Die beiden Hauptbestandteile wären somit bereits genannt, dazu kommt natürlich noch Wasser. Doch der Reihe nach. Bevor die komplizierten Prozesse erklärt werden, in denen die Brauer das köstliche Gesöff herstellen, zunächst mal ein Wort zu den Grundzutaten.

Malz

Was ist eigentlich Malz? Es ist für jeden Braumeister der zentrale Bestandteil des Bieres, den es sorgfältig zu behandeln gilt. Malz ist gekeimtes und dann wieder getrocknetes Getreide. Braumalz ist der teuerste Grundstoff im Bier und stellt die Grundlage für den Geschmack und die Farbe dar, es bestimmt den späteren Charakter unseres Getränks.
Der Mälzer verarbeitet das Braugetreide. Meist verwendet er Gerste, zuweilen auch gerne Weizen, Roggen, Dinkel, Emmer oder andere Sorten. Der Fantasie sind dabei, vor allem in den Regionen außerhalb des Reinheitsgebotes, wenige Grenzen gesetzt.

Gerste

Die verschiedenen Sorten von Gerste unterscheiden sich im Wesentlichen durch die Anzahl der Kornzeilen in der Ähre. Eine sechszeilige

Gerste (Hordeum vulgare)

Gerste gibt logischerweise einen höheren Ertrag als eine zweizeilige Gerste. Eine weitere Unterscheidung wird zwischen Sommer- oder Wintergerste getroffen. Jede Sorte beeinflusst das Bier geschmacklich unterschiedlich. Gerste besteht zu ungefähr 60 Prozent aus Stärke und enthält einen hohen Anteil an Enzymen, was später, bei der Vergärung, noch entscheidend zum Tragen kommt. Gerstenbiere sind sehr klar, was besonders im Vergleich zu Weizenbieren auffällt. Die Spelzen der Gerstenkörner dienen als natürlicher Filter im Läuterbottich, wenn die festen und die flüssigen Bestandteile getrennt werden.

Weizen

Traditionell kommt Weizen beim Brauen seltener zum Einsatz, da dieses Getreide in der Vergangenheit wie heute auch vornehmlich zum Brotbacken benötigt wurde. Bäcker und Brauer konkurrierten oft um die besten Rohstoffe. Weizen ist zudem deutlich schwieriger zu filtern. Außerdem weist er einen herberen Geschmack als Gerste auf, und die Umwandlung seiner Stärke in Zucker gestaltet sich schwieriger. Dies verhindert, höher alkoholische Biere daraus zu gewinnen, da nur Zucker später in Alkohol umgewandelt werden kann.

Weizen (Triticum)

Roggen

Schon die Menschen in der Steinzeit wussten um die stärkende und nährende Wirkung von Roggen. Ähnlich wie Hafer wird Roggen in ganzen Körnern oder als gepresste Flocken zur Maische gegeben und gibt eine bittersüße Würze. Ursprünglich sehr beliebt bei der Bierherstellung, wurde der Roggen vor allem durch das Reinheitsgebot von 1516 mehr und mehr aus den Brauereien verdrängt, damit der wertvolle Rohstoff den Bäckern vorbehalten blieb. Heute widmen sich wieder zahlreiche Brauereien der Herstellung von Bieren aus dem traditionellen Roggen. Als Resultat kommt dabei meist ein dunkles, obergäriges Bier heraus, das brotige Aromen und zuweilen auch Fruchtnoten aufweist.

Mais

In Südamerika tranken die Inkas ein bierähnliches Getränk namens Chicha, das sie aus fermentiertem Mais produzierten. Im Norden Amerikas gedeiht Gerste oft schlechter als in Europa, und so fand

Roggen (Secale cereale)

und findet Mais bei der Bierherstellung in USA und Kanada häufig Verwendung als Zusatzgetreide, da er billig und leicht zu produzieren ist. Der Braumeister muss mit diesem Rohstoff sorgfältig umgehen, damit der Mais das Bier geschmacklich nicht zu sehr von seinem Ursprung entfernt.

Das Beispiel Nordamerikas erinnert daran, dass in verschiedenen Regionen und Klimazonen Feldfrüchte unterschiedlich gut gedeihen. Einwanderer aus Schottland und Irland müssen oft entsetzt festgestellt haben, dass die schlechten Bedingungen für Gerste in der Neuen Welt verhinderten, ihren bewährten Malt Whisky herzustellen. (Die ersten Herstellungsschritte für Whisky sind übrigens mit denen für Bier identisch.) So griffen sie eben auf das zurück, was verfügbar war: Mais für Bourbon und American Whiskey, Roggen für Rye Whiskey, der sich dann auch nicht nur durch sein e von dem schottischen Ursprungsgetränk unterscheidet. In anderen Regionen der Erde ziehen die Brauer entsprechend Reis, Rohgetreide, Zucker, Malzextrakt und vieles mehr zum Mälzungsprozess heran.

All die erwähnten Getreidesorten können gemischt werden. Es gibt Biere, die nur aus einer Sorte bestehen, andere wiederum enthalten bis zu zehn Getreidearten.

Malzprozess

Während des Malzprozesses regt das Wasser das Korn zum Wachsen, also zum Keimen an. Ziel des Mälzens ist hauptsächlich die Gewinnung von Enzymen, die wesentlich dazu notwendig sind, die Zellwände der Stärke anzugreifen, so dass diese später löslich werden kann und Zuckerreserven freigesetzt werden. Dies geschieht in mehreren Schritten, die mit dem „Weichen" des Korns beginnen. Die Körner werden zwei bis drei Tage eingeweicht, um die Keimung einzuleiten, das Wasser tauscht man dabei mehrmals aus.
Das darauf folgende Keimen dauert ungefähr eine Woche. Dabei müssen Feuchtigkeit und Temperatur gut kontrolliert werden, damit das Korn nicht zu kräftig oder zu wenig keimt.
Traditionell breiteten die Brauer das Korn dafür auf dem Boden aus und wendeten es mehrfach. Der moderne Prozess vollzieht sich in großen Keimkästen. Man spricht nun von Grünmalz.
Dann wird der Wachstumsprozess gestoppt, indem die Körner wieder getrocknet werden. Der Fachbegriff für diesen Vorgang lautet darren. Dabei können die Körner mit Dampf behandelt oder

Mais (Zea mays)

geröstet werden, was sich geschmacklich auswirkt: Beim Rösten
können nahezu Espressonoten entstehen, die Dampfbehandlung
führt eher zu Karamell- und Nussaromen im Bier. Für Rauchbier
trocknet man das Getreide über Holzfeuern.

Generell gilt, dass das Bier umso dunkler wird, je höher die Temperatur beim Trocknen ist. Die Skala reicht vom hellen Pilsner Malz
bis zum dunklen Münchner Malz, vom
Kristallmalz zum Rauchmalz, oder eben
von Braumalz aus Gerste zu dem aus
Roggen, Weizen oder Hafer.

Die Mischung verschiedener Getreide
und die Anwendung unterschiedlicher
Darrmöglichkeiten sorgen letztendlich
für eine unendliche Bandbreite von
Biersorten.

Schroten

Als Nächstes zerkleinert die Schrotmüh-
le das getrocknete Malz. So werden
die Malzkörner aufgebrochen, um die
Oberfläche zu vergrößern und dadurch
die Inhaltsstoffe enzymatisch besser
zugänglich zu machen. Die Schalen der
Getreidekörner, die Spelzen, sollen dabei weitestgehend erhalten
bleiben, um später als natürlicher Filter zu dienen.

Darstellung einer Wür-
zepfanne aus dem
19. Jahrhundert

Jetzt wird's flüssig: Wasser

Im nächsten Vorgang kommt das wichtige Brauwasser ins Spiel, aus
dem Bier zu ca. 90 Prozent besteht. Das Verhältnis von Malz zu Brauwasser liegt in der Regel bei 1:3 bis 1:5.

Brauwasser sollte zumindest Trinkwasserqualität besitzen. Je nach
Bierart empfiehlt sich eher weiches oder eher hartes Wasser, aber
auch enthaltene Inhaltsstoffe wie Salze und Mineralien beeinflussen den Geschmack. Kalium vermindert beispielsweise Trübheit,
Sulfat verstärkt den Hopfengeschmack. Um die Bierfarbe aufzuhel-
len, kann Sauermalz beigemengt werden, der Härtegrad des Was-
sers kann durch Zugabe von Braugips oder von gelöschtem Kalk
variiert werden.

Brauereien werben oft mit ihren eigenen Quellen und vortrefflichen
Wasserqualitäten – zu Recht. Die sauerländische Warsteiner-Brauerei
kontrolliert ihr Wasser beispielsweise mit Hilfe von Daphnien,

Die Warsteiner Labor-Brau-erei verfügt über modernste Geräte und Verfahren zum Messen und Steuern

winzigen Krebstieren, die schon bei geringsten Verunreinigungen ihr Schwimmverhalten verändern. Videokameras beobachten die kleinen „Vorkoster" in Miniaquarien und lösen gegebenenfalls Alarm aus. Das gleiche Verfahren wacht über das Wasser im Berliner Regierungsviertel.

Wir begeben uns nun in das Herzstück der Brauerei, in das Sudhaus. Darin stehen Maischbottich, Läuterbottich und Würzpfanne.

Maischen

Im Maischbottich wird das geschrotete Malz in Wasser gerührt. Sinn des Maischens ist es, vergärungsfähige Stoffe wie Stärke und Eiweiß in lösliche Formen zu überführen und sie im Wasser auflösen. Die im Malz enthaltenen Enzyme spalten die unlöslichen Stärkemoleküle in kürzere Zuckermoleküle, die sich dann später mit Hilfe von Hefe überwiegend in Alkohol und Kohlensäure verwandeln.

Modernes Sudhaus mit traditionellem Kupferkessel. Für Temperatur und Aroma bei Braukunst und Destillation ist Kupfer das ideale Material

Die Wirkung der verschiedenen Enzyme ist steuerbar, beispielsweise wie intensiv Stärke in Zucker umgewandelt wird. Der Vorgang des Maischens beeinflusst maßgeblich den späteren Biercharakter in Hinsicht auf Süße oder Vollmundigkeit.

Zunächst beginnt das „Einmaischen" mit dem einstündigen Einweichen des Malzes in warmem Wasser. Die Maischpfanne erhitzt das Gemisch stufenweise. Da die verschiedenen Enzyme jeweils nur bei bestimmten Temperaturen wirken, ist es von Bedeutung, dass immer wieder sogenannte Rasten, Ruhepausen, eingelegt werden, um die jeweilige Enzymtätigkeit zu ermöglichen. Niedrige Temperaturen setzen gärfähigen Zucker frei, höhere Temperaturen dagegen nicht gärfähigen Zucker, was für weniger Alkohol und

mehr Körper im Bier sorgt. Für das Maischen gibt es zwei hauptsächlich genutzte Verfahren: das Infusionsmaischverfahren und das Dekoktionsverfahren.

Infusionsmaischverfahren

In einem Maischbottich erhitzt man die Maische zunächst auf 50 und dann schrittweise auf 75 Grad. Hierbei wird die gesamte Maische durch stufenweises Zugeben von kochendem Wasser aufgeheizt. Beständiges Rühren verhindert ein Anbrennen. Das Problem bei diesem Verfahren ist, dass die Maische oft entweder am Anfang zu dick ist oder am Ende zu dünnflüssig.

Dekoktionsverfahren

Das Dekoktionsverfahren erwärmt die Maische ebenfalls auf 50 Grad. Dann werden jedoch Teile der Maische separat gekocht und anschließend wieder zugeführt. Bei dieser Methode kommen entsprechend zwei Maischbottiche zum Einsatz. Man kann dieses Verfahren auch mehrfach hintereinander durchführen. Oft entsteht so ein aromatischer, weicher Malzcharakter, denn diese Art des Kochens löst die Inhaltsstoffe besser. Der Nachteil ist, dass wichtige Enzyme in der Kochmaische zerstört werden.

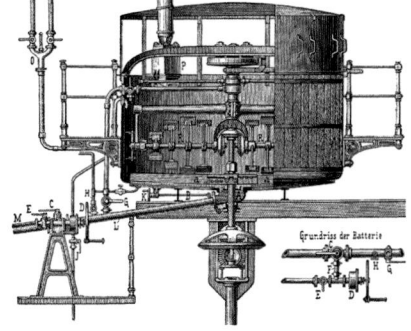

Im Maischbottich wird gesteuert, wie das Malz den Biercharakter beeinflusst

Ständige Messungen überprüfen während des Maischens, inwieweit der Stärkeabbau gelingt. Dazu dient die sogenannte Jodprobe, die einige Tropfen Jodtinktur mit der Maische vermischt. Jodtinktur reagiert auf Stärke mit Verfärbung: Wird die Maische blau, dann ist noch nicht genug Stärke in Zucker umgewandelt, der Maischvorgang noch nicht abgeschlossen. Tritt keinerlei Verfärbung ein, so reagiert die Maische jodnormal und das Läutern kann beginnen.

Läutern

Das Läutern trennt flüssige und feste Bestandteile der Maische und soll möglichst viel Extrakt gewinnen. Der Brauer pumpt die Maische in einen Läuterbottich mit einem Siebboden. Die festen Bestandteile – die Hüllen der Getreidekörner, also die Spelzen, und die Keimlinge – übernehmen die Rolle eines zusätzlichen Filters im Läuterbottich. Am Boden bleibende Malzbestandteile übergießt man mit heißem Wasser, um wirklich alle löslichen Bestandteile herauszukommen. Der verbleibende feste Rest heißt Treber und wird mit seinen wertvollen Eiweiß-, Mineral- und Ballaststoffen gerne als natürliches und nahrhaftes Tierfutter verwendet oder zu Brot verbacken.

Das abgefilterte flüssige Ergebnis, eine klare Malzlösung mit aromatischen Inhaltsstoffen, heißt Würze. Sie rinnt nun in die Würzepfanne.

Würzekochen

Sechzig bis neunzig Minuten dauert der Kochvorgang in der Würzepfanne, bei der der Hopfen beigemengt wird. Sinn dieses Verfahrens ist zum einen die Verdichtung, denn die Zugabe von Wasser beim Läutern hat den Extrakt verdünnt. Durch das Verdampfen bekommt die Würze die nötige Konzentration von Malzzucker, Eiweißen und Aromastoffen, man spricht dann von Stammwürze. Als Dichte der Stammwürze bezeichnet man den vorhandenen Zuckergehalt, dieser kann von 10 Gramm bis 30 Gramm Zucker pro 100 Gramm Würze variieren und wirkt sich dementsprechend geschmacklich aus. Zum anderen werden während des Kochens die Bakterien abgetötet, die Würze dadurch sterilisiert und verbleibende Enzyme zerstört.

Ein Bier mit einer Stammwürze von 11 Prozent bis unter 16 Prozent heißt Vollbier. Über 90 Prozent aller Biere in Deutschland zählen zu dieser Gattung. In der Würzpfanne entscheidet sich auch der spätere Alkoholgehalt eines Bieres, der bei uns in der Regel zwischen 4,8 und 5,5 Volumenprozent liegt.

Während des Kochens erfolgt die Beigabe von Hopfen, einem weiteren Hauptbestandteil unseres Bieres. Dabei sollte der Hopfen die meiste Zeit mitgekocht werden, damit sich die Substanzen des Hopfens in der Würze lösen.

Futuristisch muten die modernen Würze- und Sudpfannen aus Edelstahl an

Beifügen des Hopfens

Nun geht es um den typisch herben Biergeschmack, der in Bittereinheiten messbar ist, und um die feste Schaumkrone. Für beides
ist der Hopfen verantwortlich wie auch für eine gute
Haltbarkeit, völlig ohne chemische Zusätze. Die
Schlingpflanze, die bis zu sieben Meter hoch wächst,
gehört zur selben Familie wie Cannabis, was womöglich die leicht beruhigende Wirkung des Bieres
erklärt, neben dem Alkohol. Nur der Hopfendolden,
der Fruchtzapfen der weiblichen Pflanze, ist geeignet.
Hopfen verwelkt schnell und muss daher unmittelbar
nach der Ernte getrocknet werden.

Heute ist es eher unüblich, den Hopfen als ganze Blü-
tendolde zuzufügen. Den Brauern steht Hopfenextrakt
zur Verfügung, für den man die nötigen Bitterstoffe
und Harze mittels organischer Lösungsmittel aus
dem Hopfen gewinnt. Oder sie verwenden gepresstes
Hopfenpulver in Form sogenannter Pellets.

*Hopfen (Humulus) aus der
Familie der Hanfgewächse*

Die Aromen variieren je nach Sorte, Erntejahr, Anbaugebiet und
Alter, eigentlich wie bei Wein. Je nachdem, ob man den Hopfen
zum Erzielen der Bitterkeit oder eines anderen Aromas verwendet,
spricht man von Bitterhopfen beziehungsweise von Aromahopfen.
Die meisten Biere enthalten mehrere Sorten. 100 bis 400 Gramm
Hopfen kommen auf einen Hektoliter Bier. Das größte zusammen-
hängende Hopfenanbaugebiet Deutschlands, die Hallertau, erstreckt sich mit knapp 18.000 Hektar zwischen Freising und Kelheim
mitten in Bayern und produziert drei Viertel des deutschen Hopfenbedarfs, was 30 Prozent des Weltmarktes entspricht.

Variantenzauber mit Kräutern, Gewürzen und Früchten

Außer in Deutschland dürfen Brauer der Würze beim Kochen noch
weitere Geschmacksstoffe beimengen. Das Reinheitsgebot bildet
erneut ein strenges Hindernis, aber beispielsweise belgische Biere
enthalten oft Fruchtzusätze wie Kirschen oder Himbeeren, aber
auch Koriander, Kamille oder Pfefferkörner. Jede dieser Zutaten
verleiht dem Bier eine ganz eigene Note und trägt zur Erweiterung
der Bandbreite an Geschmacksrichtungen bei.

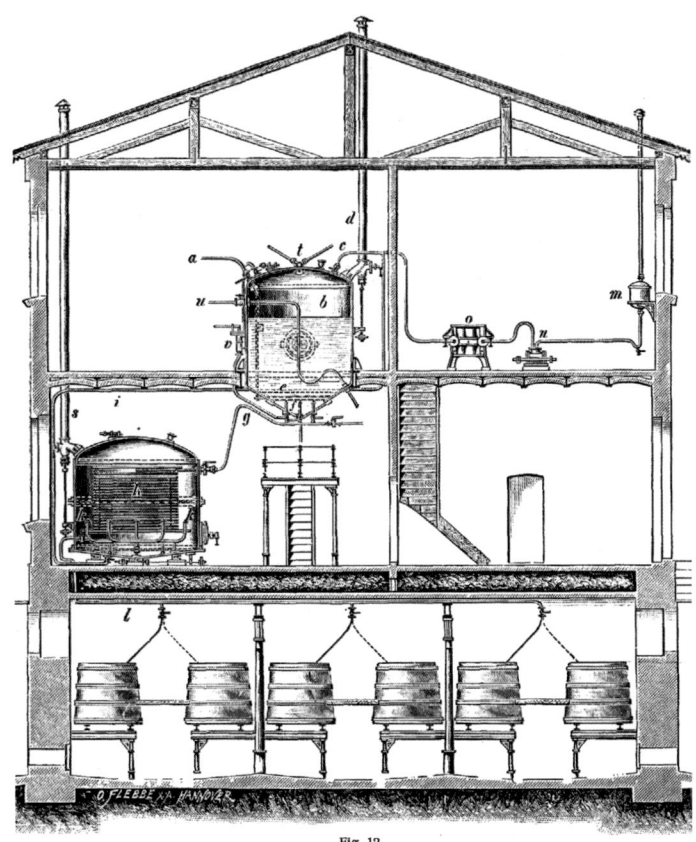

*Der Prozess der Würzeküh-
lung wird in Gang gesetzt*

Fig. 12.

Klärung

Die bei der Würzekochung angefallenen Hopfen-Eiweißrückstände
heißen Kochtrub und müssen entfernt werden, da die Bierqualität
sonst leidet. Meist geschieht das in einem sogenannten Whirlpool,
in dem die Würze mit hoher Geschwindigkeit rotiert. Durch die
Zentrifugalkraft sinken die ungelösten Teilchen zu Boden und
setzen sich in der Mitte ab, während die klare Flüssigkeit an der
Seite abfließt.

Würzekühlung

Die geklärte Würze fließt nun durch ein Kühlsystem. Die Abkühlung
sollte so schnell wie möglich erfolgen, denn in der Zeit zwischen
Kühlung und Beginn der Gärung ist die Würze stark gefährdet, von
Bakterien befallen zu werden. Die Kühlung ist notwendig, damit die
Hefen aktiv werden. Denn Hefen können nur bei verhältnismäßig
niedrigen Temperaturen arbeiten und sterben bei höheren Temperaturen ab.

Hefegärung

Der abgekühlten, geklärten Würze fügt der Brauer im Gärtank nun die Hefe zu und setzt die Gärung in Gang. Dabei entsteht Schaum, welcher abgeschöpft werden muss.

Der Mikroorganismus Hefe zählt zur Gattung der Sporenpilze und tritt eigentlich überall auf. Für Bier sind aber nur bestimmte Hefen geeignet. Aufgabe der Hefe ist es, den in der Würze enthaltenen Zucker zu vergären, also ihn in Alkohol und Kohlensäure umzuwandeln, ein nächster wesentlicher Faktor für Geschmack und Aroma des Bieres.

Vor der Technisierung erfolgte die Gärung spontan, wilde Hefen aus der Luft übernahmen die Arbeit. Auch heute noch werden manche Biere so hergestellt, wie zum Beispiel die belgischen Geuze-Biere, die ähnlich wie Champagner längere Zeit in Flaschen auf der Hefe reifen.

Seit der zweiten Hälfte des 19. Jahrhunderts bauten Forscher, beispielsweise der dänischen Carlsberg-Brauerei, die Kenntnisse zur Aufzucht von Kulturhefen entschieden aus. Die Pflege eines Hefestamms gewährleistet einen besser bestimmbaren Brauprozess und eine gleichbleibende Qualität.

Die Kulturhefen lassen sich in zwei Gruppen einteilen: die obergärige Hefe und die untergärige Hefe. Obergärige Hefe bildet größere Zellverbände. Kohlensäurebläschen treiben sie am Ende der Gärung im Kessel an die Oberfläche. Vor Einführung der Kühlung überwog die Produktion von obergärigem Bier, da diese Hefen bei Temperaturen von 15 bis 25 Grad arbeiten. Der Gärvorgang dauert hier zwischen drei Tagen und einer Woche.

Geschmacklich verleihen sie dem Bier eine eher fruchtige Richtung. Beispiele für obergärige Biere sind Weizenbier, Kölsch, Altbier, Berliner Weiße, Stout, Porter oder Ale.

Untergärige Hefen bilden in einem bis zu zwei Wochen dauernden Prozess

Einzelzellen, welche am Ende der Gärung aufgrund ihrer gegenüber dem Wasser größeren Dichte zu Boden sinken. Diese Hefen arbeiten überwiegend bei einer Temperatur von 5 bis 15 Grad. Die Biere entwickeln sich klarer und etwas dünner. Zu dieser Gattung zählen beispielsweise Pils, Export, Helles, Schwarzbier, Märzen und Lager. Der letztgenannte Name rührt vom Lagern in kühlen Braukellern, die Herstellung kommt aus Süddeutschland und Böhmen.

Kräusen – hier arbeiten die Hefen und bilden den besonderen Schaum. Die Hefe bestimmt den Charakter der traditionellen Weißbiere, wie Franziskaner, Maisel´s oder Erdinger

Reifung

Das unmittelbar nach der ersten Gärung entstandene Gebräu heißt Jungbier und ist noch nicht trinkfertig. Schlauchen nennt man den Vorgang, mit dem man das Jungbier in luftdichte Tanks pumpt, um es dort zwischen einer Woche und einem Jahr lagern zu lassen. In dieser Zeit findet noch eine weitere Nachgärung statt. Es kommt zu einer Anreicherung des Biers mit Kohlensäure unter Druck, denn die von der Hefe gebildete Kohlensäure kann nun nicht mehr entweichen. Weiterer Zweck der Lagerung ist das Absetzen der Hefe und somit eine Klärung des Biers und die geschmackliche Reifung.

Filtrieren

Optional kann das Bier vor der Abfüllung gefiltert werden. Das fertige Bier fließt durch einen Filter, häufig einen Kieselgurfilter, der letzte Schwebeteilchen wie Hefe, Eiweiß, andere Trübstoffe und schädliche Bierkeime entfernt. Die Filtration erfolgt je nach Bier unterschiedlich intensiv. Manche Sorten kommen sogar ungefiltert auf den Markt,

Die Filtration stellt Haltbarkeit sicher und bestimmt das Aussehen des Bieres, die sogenannte Glanzfeinheit

Ca. 70 % des deutschen Biers kommen in Flaschen auf den Markt. Hier die moderne Abfüllanlage der Krostitzer Brauerei

wie naturtrübes Bier. Biere, die in der Flasche weiter gären sollen, werden gleichfalls nicht gefiltert. So reift das Bier in der Flasche weiter und verändert seinen Geschmack noch sehr individuell. Solche Biere, wie Weißbiere oder manche Abteibiere, schmecken nach einer Woche in der Flasche ganz anders als nach einem Jahr.

Abfüllen

Am Ende gilt es das Bier in gereinigte Flaschen, Dosen oder Fässer abzufüllen. Vorher nehmen Fachleute im Labor eine mikrobiologische, chemische und sensorische Überprüfung vor und geben den entscheidenden Startschuss für die Abfüllung. Moderne Abfüllanlagen füllen, verschließen und etikettieren bis zu 100.000 Flaschen pro Stunde.

Viel hat sich verändert, seit jede Bierflasche einzeln und per Hand abgefüllt wurde. Moderne Anlagen befüllen 40.000 Flaschen in der Stunde

Pater Anselm Bilgri aus dem berühmten Braukloster Andechs erklärte einst bescheiden: „Optimismus ist der Glaube daran, dass aus einem Gerstenkorn irgendwann einmal ein Fass Bier wird." Wie gezeigt, bedarf es neben dem Optimismus auch einer ganzen Reihe sorgfältiger und teilweise nicht wenig anstrengender Handgriffe, bis der Durstige ein wirklich gutes Bier genießen kann.

Exkurs: An der Grenze zum Bier
Biermix und Alkoholfreies

Wie lautete jüngst ein Slogan auf den Werbeplakaten von Pilsner Urquell: „No lemon, no cranberry, no bullshit!"

Konsequente Biergenießer nicken eifrig bei diesem Bekenntnis und schimpfen über das lausige „Buntbier", die Biermischgetränke. Und doch taucht es zunehmend auf und zielt auf ein Publikum ab, welches bereits jung an eine Marke gebunden werden soll und mit Pseudo-Energiezusätzen oder exotischen Fruchtmerkwürdigkeiten auf szenig mimt, oder auch auf die zunehmende Zahl jener, welche die bittere Note des Hopfens nicht so sehr schätzen.

Sommerlich-erfrischend, dennoch würden Bier-Puristen einen Shandy nicht mal mit Handschuhen anfassen

1993 änderte der Gesetzgeber in Deutschland das Biersteuergesetz, und fortan durften solche Mischgetränke als Fertigmix in die Flasche. Zuvor mischte bei Bedarf der Wirt das Bier mit der jeweiligen Zutat. Ein bekannter Klassiker ist die Berliner Weiße mit Schuss, also mit Sirup. Und auch das Radler und das Alsterwasser haben sich in der Mischung mit weißer oder gelber Limonade seit über hundert Jahren bewährt. Im späten 19. Jahrhundert erfreute sich in Groß-

Kunterbunt treten die diversen Biermischbrausen die Nachfolge der Alkopops an

britannien der Shandy großer Beliebtheit, für den dem Bier noch Ingwerlimonade oder Ingwerbier zugesetzt wurde.

Auf weitere Rezepturen sei an dieser Stelle verzichtet, doch gehört es zuweilen zum heiteren Studium des Lokalkolorits, die merkwürdigen Namen für regionale Bierpanschereien zu erkunden, wie Diesel, Goaßnmaß, Krefelder, Potsdamer, Isarmaß, Drecksack, Bananenweizen, Neger oder Russ´.

In einem alkoholfreien Bier steckt in der Regel doch ein wenig Alkohol. Es dürfen maximal 0,5 Prozent sein. Brach man früher zu dessen Herstellung die Gärung ab, sorgen heute fortschrittliche Osmoseverfahren für eine Absonderung des Alkohols. Die geringe Restmenge ist geschmacklich wichtig, da Alkohol als Aromaträger wirkt, bedeutet aber keine Gefahr für Autofahrer, und selbst Schwangere dürfen zuweilen zu einem solchen Bier greifen. Seit 2006 bietet der Markt Biere mit 0,0 Prozent Alkohol an und erschließt somit beispielsweise Zielgruppen, die aus religiösen Gründen auf Alkohol verzichten müssen.

Sportmediziner empfehlen alkoholfreies Bier als Durstlöscher nach körperlichen Anstrengungen, da es Magnesium, Kalium und Vitamin B enthält und dabei nur halb so viele Kalorien wie ein reguläres Bier. Entgegen seinem Namen hat Diätbier dagegen nicht weniger Kalorien. Es soll nicht der Gewichtsabnahme dienen, sondern ist auf die Bedürfnisse von Diabetikern abgestimmt.

Verkaufsstrategien orientieren sich gerne an der Aura des Exotischen, zum Beispiel mit der Drachenfrucht

Deutsche Brautraditionen
Biere in Deutschland, Österreich und der Schweiz

Wann hatten Sie das letzte Mal Gelegenheit, einen Happen Weltkulturerbe zu sich zu nehmen? Immerhin befinden sich die französische Küche, die mediterrane Ernährungsweise, traditionelle mexikanische Speisen oder der nordkroatische Pfefferkuchen bereits auf der UNESCO-Liste für den Schutz und die Pflege von Kulturformen des Welterbes. Im Mai 2011 reichte das Deutsche Institut für reines Bier eine Resolution beim Bundestag ein, um für deutsches Bier nach dem Reinheitsgebot von 1516 den Antrag auf Eintrag bei der UNESCO zu stellen. Nun sind die politischen Kreise in der Bundeshauptstadt gefordert, diesen internationalen Ritterschlag für die deutsche Braukunst zu erwirken.

Bis es so weit ist, wollen wir eine kleine Reise durch die Republik unternehmen und ihre Bierstile und biertechnischen Besonderheiten erkunden. Sämtliche 1.300 Brauereien Deutschlands können hier nicht aufgeführt werden, aber es ergeht der dringende Rat, stets die kleinen, regionalen Brauereien mit ihren individuellen Stilen und saisonalen Spezialitäten zu beachten und die liebevolle Arbeit der familiengeführten Betriebe in ihrem täglichen Wettstreit mit den großen internationalen Hektoliter-Millionären zu würdigen.

Als Hauptstadt des Bieres betiteln mit großem Selbstbewusstsein die Münchner ihre Heimatstadt und verweisen darauf, dass das deutsche Reinheitsgebot eigentlich als bayerisches zu betiteln wäre! Und tatsächlich: Der Einfluss des Gerstengetränks aus Bayern und eben München wird uns durch das ganze Buch hindurch begleiten, denn es hat Entwicklung und Stile weltweit geprägt. Manches verschwand, wie das einstmals größte Bierlokal der Welt, Mathäser. In dem 1829 gegründeten Lokal mit Platz für 5.500 Durstige wurden täglich an die 50.000 Liter ausgeschenkt. Heute steht dort ein Multiplexkino, aber es gibt immer noch genügend interessante Anlaufstellen, um an ein kühles Helles zu kommen. Allen voran natürlich das Hofbräuhaus am Platzl, wo bis zu 3.500 Bierfreunde

1907 kaufte Löwenbräu den Traditionsausschank Matthäser und erweiterte ihn zum größten Bierausschank der Welt, der dann im Zweiten Weltkrieg zerstört wurde

zu ihrem Glück kommen. Und vom Kleinkind bis zum japanischen Touristen stimmen alle mit ein, wenn es da heißt: „In München steht ein Hofbräuhaus – oans, zwoa, g'suffa". Seit 1935 erklingt die Hymne. Und im Löwenbräukeller in der Maxvorstadt können 1.650 Gäste die Krüge heben. Allerdings nicht mehr die Keferloher, wie der alte Steingutkrug heißt, benannt nach einem Vorort von Grasbrunn mit zwei Dutzend Einwohnern.

Der größte Biergarten gehört zur Augustiner-Brauerei, der ältesten der Stadt, von 1328. Der 1901 eröffnete Garten unter Kastanienbäumen bietet Platz für über 5.000 Gäste. Die Brauerei ist bekannt für ihr Helles und den kräftigen Edelstoff mit 5,6 Vol.-Prozent Alkohol, der nach alter Sitte noch aus dem Holzfass gezapft wird und dabei weniger Kohlensäure enthält. Die Marke kommt gänzlich ohne Werbung aus und steigert (vielleicht gerade deswegen) beständig ihre Popularität in ganz Deutschland. Selbst in Berlin läutet der Glockenschlag um sechs Uhr abends den Edelstoff-Ausschank ein, und zwar im Augustiner am Gendarmenmarkt.

Für Augustiner und die fünf weiteren verbleibenden Münchner Brauereien (Hacker-Pschorr, Hofbräu, Löwenbräu, Paulaner und Spaten) sind wohl die bekanntesten und deshalb auch kommerziell wichtigsten Biersorten das Münchner Hell, das Dunkel und das Weizenbier.

Ein Helles, auch Bayerisch Hell genannt, wäre am ehesten jenes berühmte „Grundnahrungsmittel" der Bayern. Mild gehopft, untergärig und manchmal fast ein wenig süß wird es meist in schlichten, geraden Halblitergläsern serviert. Ein Dunkles entsteht nach dem gleichen Prinzip, nur kommt ein dunkleres, geröstetes Malz zum Einsatz, das oft für Kaffee- oder Schokoladennoten sorgt.

Als obergärige Spezialität ist das kohlensäurereiche und daher sehr erfrischende Weizenbier bekannt, das auch als Weißbier bezeichnet wird. Das Hefeweizen mit seinem hohen Anteil an Weizenmalz, zu haben als Hell oder Dunkel, enthält in der Flasche noch Hefepartikel, die das Bier vollmundiger erscheinen lassen als das klare Kristallweizen, bei dem eine Filtration vorgenommen wurde. Auf die Unsitte einer Zitronenspalte im Weizen wollen wir getrost verzichten, da sie den ursprünglichen Geschmack überlagert und verfälscht. Der pure Genuss ist spritzig und auch fruchtig genug.

Das Stadtwappen von München zeigt das Münchner Kindl mit schwarzer Kutte und goldenen Verzierungen. Gerne wird die Figur auch als Botschafterin des Bieres mit Krug abgebildet

Hopfenzupfer zur Erntezeit in der Hallertau um 1930

Auf weitere Episoden der Stadt und das Münchner Oktoberfest werden wir später noch zu sprechen kommen, daher verlassen wir fürs Erste die Biermetropole an der Isar und erreichen die Hallertau im Herzen Bayerns. Das größte Hopfenanbaugebiet Deutschlands deckt ein Drittel des weltweiten Hopfenbedarfs. Rund 1.200 Pflanzbetriebe bewirtschaften 17.000 Hektar Fläche. Im Spätsommer erlebt das Gebiet zwischen Freising, Pfaffenhofen, Kelheim und Landsberg eine gewaltige Völkerwanderung, wenn für die Ernte neben Touristen auch 200.000 Saisonarbeiter als Erntehelfer kommen, zum jährlichen „Hopfazupfa". Mit Lehrpfaden, Museen und Forschungseinrichtungen dreht sich in der Region beinahe alles um das „grüne Gold".

Wenn also die Hallertau, oder Halledau, das Herz ist und München die Hauptstadt, so muss Franken als Region zum Bierparadies erkoren werden. Denn bierparadiesisch ist es hier in jeder Weise: Bierrouten und Wanderwege begleiten das Thema, lauschige Biergärten, große Feste und eine beachtliche Anzahl an Museen sowie umfangreiche Fachliteratur widmen sich den gerstigen Geschichten der Gegend. Mit 300 Brauereien herrscht in Franken die größte Brauereidichte der Welt, die mit einer Vielzahl an Spezialitäten aufwartet.

Auch in Thüringen erstreckt sich ein Hopfenanbaugebiet zwischen Bad Blankenburg-Watzdorf und Neuhaus

Fast jeder der kleineren oder größeren Bierproduzenten schenkt ein Zwickelbier aus, gerne auch als Zwickl oder Kellerbier angeboten. Frisch muss dieses naturtrübe und unfiltrierte Bier getrunken werden, denn es ist nicht sehr lange haltbar. Würzig und süffig vermittelt es den Eindruck eines Bieres unmittelbar nach der Gärung und vor der üblichen Lagerbierreifung. Der Name kommt von einem Brauerwerkzeug, dem Zwickel. Das ist ein kleiner Zapfhahn, den der Brauer verwendet, um während der Gärung des Bieres Kostproben zu entnehmen, wenn er sich von Entwicklung und Geschmack seines Gebräus überzeugen möchte.

Das Bier verfügt über eine geringe Rezenz, also wenig Kohlensäure, die ein Prickeln am Gaumen auslösen könnte. Zuweilen taucht der Begriff „ungespundet" auf, der sich auf das Spundloch eines Fasses bezieht, das während der Gärung den Druck im Fass regelt. In Oberfranken, der Heimat der Zwickl-Kultur, bleibt jenes Spundloch oft unverschlossen, so dass der Druck entweicht und den Charakter des Bieres entsprechend prägt.

Außerhalb der Region ist es oft in Bügelflaschen erhältlich, wie das köstliche Aufsesser Zwickl der Familienbrauerei Rothenbach mit eleganter Bernsteinfarbe und feiner Bitternote nach nussig-krautigem Auftakt.

„Wir machen zwar nur eins ..., aber das dafür g'scheit!" lautet der Wahlspruch der Unertl Brauerei, die ihr fantastisches Weißbier einer offenen Gärung aussetzt

Wie schön, dass althergebrachte Zutaten und Verfahren derzeit vermehrt Wiederentdeckung feiern dürfen. So beleben einige mutige Braumeister das Steinbier mit seiner jahrhundertelang überlieferten Herstellungsweise. Zu einer Zeit, als die Behältnisse noch nicht aus Metall, sondern aus Holz gefertigt waren, bedeutete eine offene Befeuerung eine Gefährdung, mit der jeder auf seine Weise umgehen musste. Um die Maische zu erhitzen, kamen hier deshalb Steinbrocken ins Feuer und dann, wenn sie glühten, in den Holzbottich. Eine Malzzuckerschicht karamellisierte an den Steinen, die anschließend mit dem Sud in den Gärbottich gefüllt wurden, wo die Hefen den karamellisierten Zucker wieder lösten und dem Bier so einen ganz besonderen aromatischen Zusatz angedeihen ließen. Eine reine, kühle mineralische Note ergänzt die zartbittere Hopfigkeit. Als eines der ersten entdeckte das Brauhaus Leikeim die unfiltrierte Spezialität wieder und bewirbt das Leikeim Steinbier als „geschaffen durch Feuer und Stein".

Eisenkorb mit Steinbrocken zur Herstellung eines traditionellen Steinbiers

Und wenn es schon glüht, dann darf es auch rauchen, sagt man sich womöglich in Bamberg, der Kultstätte für Rauchbier. Der Feuer-

rauch, der sich in vorindustrieller Zeit beim Trocknen des Malzes aromatisch darin niederschlug, war früher beinahe selbstverständlich im Bier zu schmecken. In Zeiten des technischen Fortschritts verhinderten neue Methoden jene Rauchigkeit. Als Spezialität ist sie willkommen, besonders im legendären Aecht Schlenkerla Rauchbier und im Spezial Rauchbier der Brauerei Spezial von 1536.
In der Altstadt von Bamberg empfiehlt sich ein Besuch im historischen Fachwerkhaus mit dem Brauereiausschank Schlenkerla, wo das Rauchbier aus dem Holzfass gezapft wird und nach dem dritten oder vierten „Seidla" besonders gut schmeckt. Als 1877 Andreas Graser die Braustätte von 1405 übernahm, gaben ihr die Nachbarn bald den heutigen Namen Schlenkerla, weil Graser in sonderbarem Gang auffällig mit den Armen schlenkerte.

Buchenholzscheite sorgen für das besondere Aroma im Aecht Schlenkerla Rauchbier

Die erfolgreichste Brauerei im Land? Wer möchte raten? Vielleicht denken Sie an Krombacher, Bitburger oder Warsteiner? Nicht schlecht, aber es ist Oettinger im Landkreis Donau-Ries, die größte Privatbrauerei Deutschlands, deren preiswerte Biersorten die Sparfüchse beglücken. Direktvertrieb an Supermarktketten lautet das Erfolgsrezept der Unternehmensgruppe, die der sympathische Seniorchef Günther Kollmar gerne als „Spedition mit angeschlossener Brauerei" bezeichnet. Mehr als 6,5 Millionen Hektoliter setzt Oettinger jährlich ab. Viele beschimpfen die Produkte als Kopfschmerzbrause, aber warum schneiden die Biere bei Blindverkostungen dann immer so gut ab? Immerhin: Schon als Goethe während seiner zweiten Italienreise in Oettingen weilte, fand er das dortige Bier durchaus erwähnenswert.

Viel Klasse, aber weniger Masse schaffen hingegen mit ihren köstlichen Biobieren von Martha und Michael Krieger aus dem Riedenburger Brauhaus im niederbayerischen Altmühltal. Sie fühlen sich nicht nur der Slow-Food-Bewegung verpflichtet, sondern greifen auf sehr ursprüngliche Produkte zurück, um alte Bierstile neu zu beleben und die Bandbreite für die Genießer zu erweitern. Als erste Brauerei mit ganzheitlichem Ökokonzept führten sie das 1866 gegründete Haus 1994 nach fünfjähriger Umrüstung zu einem die Braukunst bereichernden Neuanfang. Heute kann jedem Gourmet nur angeraten werden, die Biere mit dem Urgetreide zu probieren. Das Emmer Bier, das 5-Korn Urbier, Plankstetter Dinkel oder das köstliche Einkorn-Edelbier halten vielfältigste Geschmacksnuancen bereit.

Überzeugend und Konsequent im Umgang mit Bio-Richtlinien und ökologischer Brauweise: das Riedenburger Brauhaus

In Augsburg erreichen wir das bayerische Schwaben, das in Hinblick auf seine Braukunst sich keineswegs hinter den anderen Regionen des Freistaats verstecken muss. Besonders das Brauhaus Riegele gewinnt derzeit die Herzen der Bierexperten. Das Familienunternehmen erzeugt 200.000 Hektoliter pro Jahr und darf voller Stolz auf Sebastian Priller-Riegele verweisen, der bei der zweiten Biersommelier-Weltmeisterschaft 2011 mit Fachwissen und sensorischen Fähigkeiten den begehrten Weltmeistertitel holte. Bei den Preisverleihungen zum European Beer Star durfte Riegele 2010 richtig jubeln, als das Augsburger Herren Pils die Goldmedaille als Europas bestes Bier nach Pilsener Brauart erhielt und zugleich das Commerzienrat Riegele von den 88 Juroren aus 21 Nationen als bestes Festbier des Kontinents ausgezeichnet wurde.

Südlich von Augsburg, nicht weit vom Ammersee, krönt die Benediktinerabtei Kloster Andechs den Heiligen Berg. Eine Wallfahrt hinauf wird teils aus christlicher, teils aus bierrelevanter Überzeugung unternommen. Und so sind das Bräustüberl und der Klostergarten stets gut gefüllt mit denen, die vor allem die Bockbiersorten zu schätzen wissen, wie das Bergbock Hell oder das Doppelbock Dunkel mit einer Stammwürze von 18,5 Prozent.

Und selbstverständlich darf auch an dieser Stelle die älteste Brauerei, die sich auf das Jahr 1040 zurückdatiert, nicht unerwähnt bleiben, bevor wir das Land der weiß-blauen Rauten verlassen: Weihenstephaner, die als Bayerische Staatsbrauerei Weihenstephan vom Freistaat selbst betrieben wird.

Von weitem sichtbar verkündet das Benediktinerkloster Andechs geistliche Andacht und getränkefreudige Einkehr

Der Südwesten Deutschlands zählt ebenfalls zu den abwechslungsreichsten Genussregionen für Biertrinker. Unmittelbar am Bodensee verfügen die Baden-Württemberger über ein eigenes Hopfenanbaugebiet. Der Tettnanger Hopfen, der dort seit 1844 angebaut wird, ihr „grünes Gold", weist vergleichbare Eigenschaften und Qualität auf wie der Saazer Hopfen aus Böhmen. An Drähten und Gerüsten klettern die Hopfengewächse bis zu sieben Meter hoch. Die Pflanzen bieten im Sommer einen beeindruckenden Anblick. Im HopfenMuseum Tettnang, mitten in den Anbauflächen gelegen, kann die wichtige Zutat mit Verstand und Sinnen erkundet werden. Ein vier Kilometer langer Hopfenpfad führt dann unter dem Motto

„Vom Bauer zum Brauer" über die Felder. Schilder am Wegesrand berichten über das Hanfgewächs und seinen Weg ins Bier. Der Pfad endet in der Tettnanger Kronen-Brauerei, die nunmehr seit 150 Jahren in Familienbesitz arbeitet. 1993 erzeugte sie das erste Biobier der Gegend. Die aktuelle siebte Generation ist stolz, dass ihr Keller-Pils in internationalen Verkostungen konstant hervorragende Bewertungen erhält. Unbedingt probieren sollte man auch das helle und dunkle Doppelbock Coronator mit einer Stammwürze von

Darstellung der Ernte im HopfenMuseum Tettnang

18,7 Prozent. Zur Erntezeit des Hopfens, Ende August bis Anfang September, ist der Besuch ein besonders faszinierendes Erlebnis, wenn die ganze Gegend nach den Dolden duftet.

Ende September lockt seit 1818 das Cannstatter Volksfest zu landwirtschaftlichen Festivitäten nach Stuttgart. In seiner Bedeutung für die Region ist das Fest auf den Cannstatter Wasen dem Oktoberfest vergleichbar. Die Festwirte und Brauereien empfangen ihre Besucher in den riesigen Festzelten, manche mit Kapazitäten für über 5.000 Personen. Dann heißt es wieder: „Das schönste Nass – ein Bier vom Fass", und es fließen das Stuttgarter Hofbräu, Fürstenberg, Dinkelacker und Schwabenbräu in Strömen.

Im ganzen Südwesten ist die Vielfalt an Sorten bemerkenswert. Die Tradition des Export-Bierstils findet sich dort noch viel lebendiger und verbreiteter als in dessen Heimat, dem Dortmunder Raum. Blickt man beispielsweise auf einen der mittelständischen Produzenten wie die Engel Braumanufaktur mit einem Jahresausstoß von 65.000 Hektolitern, dann beeindruckt die Auswahl von über zwanzig Sorten durchaus. Im Sortiment der Brauerei von 1738 finden sich beispielsweise naturtrübes Kellerbier (das wir bereits unter dem Begriff Zwickl kennenlernten), Pils und Weizen, Winterbock und Weihnachtsbier. Und mit dem bernsteinfarbenen First Lady, einem süß-malzigen Bier, exklusiv für Damen, aber mit immerhin 6,2 Vol.-Prozent Alkohol folgt man dann gerne dem Trinkspruch der Braumanufaktur: *„Prost mein Engel!"*

Streng der Tradition früherer klösterlicher Brauverfahren verpflichtet, erregt das Alpirsbacher Klosterbräu beständige Aufmerksamkeit. Ein gutes Dutzend Weizen- und Spezialbiere fertigt das Schwarzwälder Unternehmen, das zu den Mitgliedern im unabhängigen Verbund Die Freien Brauer gehört, der sich zum freien Unternehmertum und zu eigenständigen, regionalen Bierspezialitäten bekennt. Die Biere finden weltweit höchste Anerkennung und werden mit Prämierungen überhäuft. Besonders das Alpirsbacher Klosterbräu Pils erhielt nicht nur den World Beer Cup in Bronze, sondern wurde von dem Preiskomitee der World Beer Awards zum Besten Pils der Welt gekürt.

1095 gründeten Benediktiner das Kloster Alpirsbach im Schwarzwald

Hoch hinaus geht es auch mit der Badischen Staatsbrauerei Rothaus, die auf tausend Meter Höhe den Hochschwarzwald überblickt. Die Brauerei befindet sich im Besitz des Landes Baden-Württemberg und daher wird das Bier oftmals bei offiziellen Anlässen ausgeschenkt. Die 1990er Jahre brachten die Brauerei mächtig voran und auf einen Ausstoß von über einer Million Hektolitern. Mit dem Tannenzäpfle-Pils, das ein Mädchen im Trachtenkleid auf dem Flaschenetikett trägt, landete die Brauerei einen Marktschlager, obwohl sie auf überregionale Werbung gänzlich verzichtet. In allen Großstädten findet man die Flasche mit dem Schwarzwaldmädel in den Händen der Partygänger.

Im Weinland Rheinland-Pfalz stoßen wir auf eine Brauerei, deren Werbeslogan aus dem Jahr 1951 noch immer landauf, landab bekannt ist: „Bitte ein Bit". Bitburger war stets Vorreiter in Sachen Reklame und trat bereits 1927 als Sponsor der Eröffnung der Rennstrecke Nürburgring in Erscheinung, heute begleitet die Marke die deutsche Fußballnationalmannschaft. Die Brauerei für obergäriges

Bier entstand 1817 unter Johann Peter Wallenborn und blieb fortan im Besitz der gleichen Familie, auch wenn seit einer Heirat 1842 nun der Familienname Simon für Bitburger steht. Als innovatives Unternehmen braute Bitburger 1883 das erste Bier nach Pilsener Art, führte die erste Filteranlage ein und setzte auf Kältemaschinen und elektrischen Strom. Es war die Zeit, in der durch die Möglichkeit einer preiswerteren industriellen Fertigung – es musste nicht mehr mundgeblasen werden – das Glas als Trinkgefäß immer mehr Verbreitung fand. Damit gewann eine appetitliche Farbe des Bieres an Bedeutung. Die dunkle Farbe und Trübe der ungefilterten Gebräue nahmen die Durstigen kaum zur Kenntnis, wenn sie sie aus Tonkrügen, Zinnbechern oder Behältnissen aus Holz und Horn tranken. Manchen Biermarken ist es gelungen, dass man bei dem Klang des Markennamens gleich ein spezielles zugehöriges Glas vor Augen hat. Das erste Exklusivglas dieser Art, das Optik, Image und optimalen Geschmack unterstützen soll, fertigte der bekannte Glasspezialist rastal (was für Rastertechnik und Kristall steht) 1964 für Bitburger. Seither begleitet der Bitburger Pokal mit seinem sechskantigen Stiel das vollmundig-herbe, hopfenbetonte Getränk.

Zum Unternehmen Bitburger gehören im Westen der Republik auch das hessische Licher, das noch einen Stall für Brauereipferde unterhält, die 1858 von Theodor König gegründete König Brauerei, deren König Pilsener 1911 von Duisburg aus seinen Siegeszug antrat, und die Königsbacher Brauerei, deren Export und Pils im Raum Trier-Koblenz geschätzt werden.

Ein weiteres Bier des Unternehmens führt uns einmal quer durch die Republik ins thüringische Bad Köstritz. Bereits zu DDR-Zeiten entpuppte sich das Köstritzer als Ostblock-Exportschlager und brachte dem Ort nahe Gera eine Reputation, die nach der deutschen Wiedervereinigung auch in Bitburg von der Familie Simon zur Kenntnis genommen wurde. So übernahmen die Eifeler jene Brauerei, die wenig später zum Inbegriff für die Neuentdeckung von Schwarzbier werden würde, als „Schwarzes mit der blonden Seele". Als die Brauerei 1543 als Köstritzer Erbschänke ihre Arbeit aufnahm, bearbeiteten noch obergärige Hefen den Sud. Das Bier fand zahlreiche prominente Liebhaber. Während einer Krankheitsphase 1823 konnte Goethe nur wenig zu sich nehmen, und Wilhelm von Humboldt schrieb darüber in einem Brief: „Er lebt von Bier und Semmel, trinkt große Gläser am Morgen aus. Beratschlagt mit seinen Bediensteten, ob er dunkel- oder hellbraunes Köstritzer Bier trinken soll."

Seit den 1870er Jahren wird untergärig gebraut und Fürst Bismarck bescheinigte dem Trunk „den vornehmen Rang in der Aristocratia der Biere". Besondere Röstmalze sorgen für den vollmundigen, frisch-würzigen Geschmack, den Bitterschokolade und Hopfenaromen begleiten, ohne die vordergründige Süße, die oft mit Schwarzbieren in Verbindung gebracht wird. Schwarzbiere werden heute wieder deutlich zahlreicher hergestellt als noch zu Beginn der 1990er Jahre und überraschen durch einen mäßigen Alkoholgehalt, meist von unter 5 Vol.-Prozent Alkohol.

Auch die Brauerei Wernesgrüner im Vogtland mit Braurecht seit 1436, später als VEB Exportbierbrauerei Wernesgrün Lieferantin für die Biererfrischung auf der DDR-Luftlinie Interflug, die ihre Biere sogar in die USA verkaufte, wurde zu einer Erfolgsgeschichte innerhalb der Bitburger-Gruppe.

Aus der im Jahr 1872 gegründeten Brauerei Zum Auerhahn in Wernigerode im Harz wurde, Namensgeber war ein heutiger Wernigeroder Stadtteil, die Marke Hasseröder, die ihre Beliebtheit nach dem Mauerfall noch steigern konnte. Heute ist die Marke mit dem Auerhahn im Wappen Marktführer in Ostdeutschland.

Im sachsen-anhaltinischen Halberstadt schrieb 1883 Heine Geschichte, nämlich Friedrich Heine, der die bekannte Halberstädter Wurstkonservenfabrik gründete und als Erfinder der Dosenwurst gilt. Als Ulrich Nitsch nach der Wende in den Standort investierte, staunten selbsternannte Wirtschaftsexperten ungläubig. Doch dann übernahm er die alte Unternehmervilla und baute sie zum Wellnesshotel mit Brauhaus und angeschlossener Brauerei aus und belehrte diejenigen eines Besseren, die behaupteten, das Halberstädter Wasser tauge nicht einmal zur Würstchenherstellung: Das Heine Bräu wurde zur populären Marke der Region.

Der atmosphärische Gastraum im Brauhaus Heine

Eine weitere Spezialität des Ostens darf eine Wiederentdeckung erfahren: die Gose. Die alte Kaiserstadt Goslar in Niedersachsen leitet ihren Ursprung und die Namensgebung von dem Flüsschen Gose

In Leipzig-Gohlis fließt die Gose in der Traditions-schenke Ohne Bedenken

ab. Bei der in Flaschen käuflichen Flüssigkeit desselben Namens handelt es sich um ein obergäriges Weizenbier mit zitrussäuerlich-salzigem Aroma. Der Braumeister im Brauhaus Goslar fertigt die leicht rauchige dunkle und die helle Gose nach altem Rezept. Wegen der Zugabe von Salz und Koriander entspricht dieses Gebräu nicht dem Reinheitsgebot. Name und Herstellungsweise legen auch eine Verwandtschaft zum Belgischen Geuze-Bier und zur Berliner Weiße nahe, die ebenfalls mit Milchsäurebakterien hergestellt wird. Auch die Gose wird gerne vermengt, beispielsweise mit Allasch Kümmelschnaps oder Fruchtsirup.

Ein eigener historischer Gose-Wanderweg von Leipzig nach Halle zeigt, wie sehr sich das Bier von seinem Harzer Bächlein emanzipieren konnte, und würdigt Geschichte und Wiederentdeckung dieses besonderen Gebräus, dessen ursprüngliche Flaschen mit ihrem langen, schlanken Hals unverkennbar sind. Die Leipziger Gose bildet eine besondere regionale Form dieser Machart und lässt sich dort ganz vorzüglich in der historischen Gosenschenke Ohne Bedenken schlürfen oder im wundervoll restaurierten historischen Bayerischen Bahnhof von 1842, wo im Jahr 2000 Brauerei und Gasthaus eröffneten und man neben der Gose auch einen Heizer (= Schwarzbier), Kuppler (= Weizenbier) oder Schaffner (= Pils) bestellen kann.

Mit Radeberger aus Sachsen muss eine der wichtigsten Marken der Republik genannt werden, zumal die gleichnamige Konzerngruppe bereits des Öfteren erwähnt wurde. Seit 1872 in der Aktienbrauerei Zum Bergkeller produziert, machte das Gebräu nach Pilsener Brau-

Hervorgegengen aus der Aktien Brauerei „Zum Berg-keller", wurde das Rade-berger Bier zum königlich-sächsischen Hofgetränk und ist heute eine der erfolgreichsten Premium-Marken der Bierwelt

art rasch Karriere, selbst am sächsischen Königshof. Zu DDR-Zeiten ein rares und begehrtes Gut, das nicht jedermann in die Hände bekam, wird die Marke heute von einer Vereinigung zwischen der Binding-Brauereigruppe aus dem Oetker-Konzern und der VEB Radeberger Exportbierbrauerei bei Dresden hergestellt. Der Erfolg mit dem sächsischen Premiumbier stellte sich in solchem Maß ein, dass die gesamte Unternehmensgruppe umbenannt wurde. Binding bleibt erfolgreich mit dem meistverkauften alkoholfreien Bier, dem Clausthaler, und seiner Weizenbiermarke Schöfferhofer.

War schon von einer einschneidenden Innovation bei den Trinkgefäßen die Rede gewesen, so darf die zu ihrer Zeit revolutionäre, nämlich leichte und unzerbrechliche Verbindung von Transport- und Trinkgefäß nicht unerwähnt bleiben, die vom hessischen Frankfurt aus in Deutschland Einzug hielt: 1951 kam das Henninger Export erstmals im Blechkleid in die Regale. Der damalige Werbeslogan „Moderner leben – mit Bier aus Dosen" mutet heute ein wenig altbacken an. Das erste Dosenbier war am 24. Januar 1935 auf den amerikanischen Markt gekommen, nachdem die Brauerei Gottfried Krueger in Newark, New Jersey, 1933 erstmals ihr Krueger's Special Beer in der neuen Verpackung getestet hatte. Ende 1935 waren 200 Millionen Bierdosen in den USA verkauft worden. Ursprünglich wurde ein Hilfswerkzeug zum Öffnen benötigt, das die dreieckige Form eines Kirchturms hatte. Mit jenem „Church Key" (= Kirchenschlüssel) stanzte der Durstige ein dreieckiges Loch in die Dose. 1963 ärgerte sich der Amerikaner Ermal Fraze so sehr über das Fehlen des Schlüssels, dass ihm die Idee zu einer Aufreißlasche kam, die er als „Pull Tab" zum Warenzeichen machte und somit Mikola Kondakow aus dem kanadischen Ontario zuvorkam, der die gleiche Idee wohl vor Fraze hatte. 1975 kam die „Stay-on Tab" hinzu, bei der die Lasche an der Dose verbleibt. Und während sich heute einige über die mit der Neuerung des Dosenpfandes fällig werdenden zusätzlichen Cents ärgern, „blechen" andere schon einmal 20.000 Dollar für eine historische Büchse als Sammlerobjekt.

Die Pull-Tab Dose wurde bereits geöffnet

Die Dose mit Stay-on Tab ist noch geschlossen

In der Heimat von Kohle und Stahl kommt Dortmund biertechnisch gesehen eine besondere Rolle zu. Lange warb man dort als „Europas Bierstadt Nummer 1", bevor mit der Schließung der Zechen auch viele der alten Bottiche trockengelegt wurden und die Vielfalt an Sorten verschwand, die mehr waren als nur Getränk, sie gehörten zur Identität innerhalb der Region. Der Westen von Dortmund genoss Ritter oder Bergmann, der Süden zapfte Stifts. Es tranken die Katholiken Thier, die Protestanten schworen auf Union, in Arbeiterkehlen floss Hansa und als Gutbürgerlicher genehmigte man sich Kronen. In einer Urkunde vom 22. August 1293 hatte König Adolf von Nassau den Dortmundern das Privileg verliehen, „Bier mit Gewürz" herzustellen. Dieses Gebräu wurde mit Gewürzen, Kräutern und Harzen angereichert und hieß Grutbier. Es war im Mittelalter in Norddeutschland weit verbreitet, aber gerade im Dortmunder Raum wuchsen die Zutaten reichlich. Mit dem Reinheitsgebot wuchs im 16. Jahrhundert die Bierqualität weiter und mundete auch den Durstigen im größeren westfälischen Raum, was den Magistraten in Städten wie Bielefeld oder Minden missfiel, da sie auf das auswärtige Bier keine Steuern erheben konnten. Sie zettelten den Westfälischen Bierkrieg an, indem sie Scharfschützen anheuerten, um Löcher in die Fässer der Dortmunder Biertransporte zu schießen, die sich wiederum von bewaffneten Truppen eskortieren ließen. Das rabiate Vorgehen beider Seiten wäre beinahe zu einem

Hier öffnet sich die Tür zum faszinierenden Warsteiner Besucherzentrum und Themenpark

echten Krieg eskaliert. Export blieb eine Stärke der Stadt. Ab den 1870er Jahren griffen Menschen im westlichen Europa und Übersee immer mehr zu dem besonderen Bier, welches als Dortmunder Helles oder später insbesondere als Export Bekanntheit erlangt. Merkmal dieses untergärigen, herben Bieres ist sein hoher Stammwürzegehalt von bis zu 13,5 Prozent und somit einem Alkoholgehalt von mehr als 5 Vol.-Prozent. Dieses Bier entstammt einer Zeit, bevor Kältemaschinen die Getränke haltbarer machten. Damit es die langen Lieferwege des Exports überstand, musste man es stärker einbrauen, um es haltbar zu machen. Oft wurde es am Bestimmungsort mit Wasser wieder zurückverdünnt. Es ist weniger hopfenbitter als Pils, aber herber als das Bayerisch Hell.

Den Rückgang der Popularität des Export-Bieres führen Soziologen darauf zurück, dass die westfälischen Arbeiter dieses Bier während ihrer anstrengenden Maloche zu sich nahmen, aber bei Ausflügen ins benachbarte Sauerland das Pils schätzen lernten und es gedanklich mit dem Genuss der Freizeit verbanden. Marken wie Iserlohner oder Veltins profitierten davon.

Die bemerkenswerteste Marke im Sauerland und nach eigenem Bekunden „das einzig Wahre" stammt aus dem Landkreis Soest: das Warsteiner von 1753. Das Warsteiner Premium Verum wird von Bierenthusiasten oft misstrauisch beäugt, wird es doch nach Pilsener Brauart gebraut, ohne den typisch hopfig-herben Charakter zu verkörpern. Die süffig-milde Note soll von dem besonderen Brauwasser herrühren, auf welches das Familienunternehmen seit über 250 Jahren so stolz ist. In einem eigenen Betriebsbahnhof kommen jährlich 2,8 Millionen Hektoliter auf die Schiene und von dort aus in sechzig Länder weltweit. Ein Besuch in Warstein lohnt allemal. Seit 2006 betreibt das Unternehmen mit einer Dame, Catharina Cramer, an der Spitze ein faszinierendes Besucherzentrum, die Warsteiner Welt, mit gläserner Brauerei und Panoramabus auf dem Werksgelände.

In Dortmund setzte sich im 19. Jahrhundert die Zusammenfassung mehrerer Brauereien unter dem Dach einer Aktiengesellschaft durch. So entstand 1868 die Bierbrauerei Herberz & Co., die sich 1872 in Dortmunder Actien-Brauerei umbenannte. Der Erfolg im Exportgeschäft mit dem hellen Bier aus Westfalen ermöglichte im Laufe der Zeit die Übernahme von Konkurrenten wie Hansa (bekannt aus Discounterregalen) oder Dortmunder Kronen. In den 1990er Jahren übernahm die Binding-Radeberger-Gruppe immer mehr Aktienanteile des angeschlagenen DAB-Konzerns und gliederte ihn 2001 komplett in das eigene Konsortium ein.

Zum gleichen Konzern gehört heute auch die DUB, der frühere große Konkurrent der DAB, der 1988 von der Brau und Brunnen AG geschluckt wurde. Ein berühmter Braumeister machte die Dortmunder Union Brauerei groß: Fritz Brinkhoff, der seit 1870 die Geschicke in und an den Bottichen bestimmte. Angeblich schickte die Brauerei eine fehlerhafte Lieferung nach Aachen, bei der aus Versehen zu viel helles Gerstenmalz eingesetzt worden war. Den Aachenern schmeckte der Trunk aber so gut, dass man zügig Nachschub erflehte. Brinkhoff erwies sich zudem als guter Geschäftsmann. Er stieg in den Vorstand des Unternehmens auf und kam zu Wohlstand. Während einer Kur in Bad Kissingen lernte er 1890 den Reichskanzler Fürst Bismarck kennen, der später auf die Vorwürfe, er beziehe ein zu hohes Salär, kontern konnte, er verdiene ja nicht einmal so viel wie ein Dortmunder Braumeister. Heute trägt eines der besten Biere Dort-

Früher in aller Welt bekannt und begehrt, heute bereits Rarität: Bierspezialitäten aus Dortmund

munds den Namen des reichen Braumeisters, das Brinkhoff´s No. 1. Die Union Brauerei schuf 1928 mit ihrem Kellereiturm ein neues Wahrzeichen der Stadt, mit sechzig Metern ihr erstes Hochhaus. Seit 1968 leuchtet von der Spitze das legendäre Union-U. Gebraut wird dort nicht mehr, dafür fand die Kultur mit Ausstellungs- und Bildungsmöglichkeiten hier eine neue Heimat.

Übrigens verfügt der Raum Aachen auch heute noch über eine hervorragende Bierversorgung. Im nahe gelegenen Würselen erhält sich Dieter Breuer, Betreiber der Bier- und Weinbrandecke, seit zehn Jahren beständig seinen Eintrag im Guinness-Buch der

Rekorde für seine gewaltige Bierauswahl. In dem Geschäft können knapp 3.000 Sorten aus über sechzig Ländern gekauft werden.

Radeberger versorgt uns glücklicherweise immer noch mit dem ungewöhnlichen Hövels Original nach einer Rezeptur von 1893, bei der vier verschiedene Malze in einer speziellen Temperaturfolge aufbereitet werden. Dieses Bier kommt dem britischen

Immer noch aktuelles Wahrzeichen, auch wenn unter dem Union „U" nicht mehr gebraut wird

Bitter-Stil nahe und trug noch bis vor kurzem den Begriff Bitter im Namen. Aber bitter entspricht nicht mehr dem Zeitgeschmack, weswegen es im Namen durch feinherb ersetzt wurde. Ob man den heutigen Geschmack nun weiterhin als bitter oder tatsächlich als feinherb empfindet, möge jeder selbst testen und für sich beantworten.

Da also Bier nicht mehr als selbstbewusstes Wahrzeichen der Stadt taugt, tröstet der Dortmunder sich mit einer erfolgreichen Fußballmannschaft, BVB Borussia 09. Am 19. November 1909 versammelten sich einige Herren in der Gaststätte Zum Wildschütz, um ihren neuen Fußballverein ins Leben zu rufen. Alleine der Name war noch nicht gefunden. Im Wirtsraum hing ein Werbeschild der bereits 1901 geschlossenen Borussia Brauerei, die somit gewissermaßen postum als Taufpatin des Clubs fungierte.

Ein wackerer Streiter wehrt sich tapfer gegen die Einebnung der Dortmunder Bierlandschaft. Im Sommer 2005 stieß Dr. Thomas Raphael per Zufall auf die frei gewordenen Namensrechte der Bergmann

Brauerei von 1796, die 1972 geschlossen wurde, und sicherte sich diese. 2007 durfte das erste neue Bergmann Bier probiert werden, und seit Ende 2010 erfolgt die Produktion wieder in Dortmund selbst. Das alte DBB-Etikett ziert die Flaschen, deren Inhalt die Dortmunder Traditionen des Braugewerbes wieder aufleben lässt. Vom Fass gibt es zudem ein Produkt nach mittelalterlicher Brauart, das Adambier, damals eine sehr herbe und alkoholstarke Variante des Altbiers.

Brauerei im Füchschen. Kultschenke in der Düsseldorfer Altstadt

Womit wir bei einer weiteren Spezialität im Westen der Republik angelangt wären, dem Altbier oder einfach Alt. Am Niederrhein mit seinen Zentren Düsseldorf, Mönchengladbach und Krefeld liegt die Heimat dieser obergärigen Spezialität, die trotz der Vermutung, die ihr Name nahelegt, nicht ewig gelagert wird, sondern durchaus jung getrunken werden sollte. Als Ende des 19. Jahrhunderts die untergärigen Lagerbiere als Innovation in den Markt drängten, galt das Gebräu des Düsseldorfer Raumes mit seiner dunklen rötlich-braunen Färbung und herben Note als Bier nach alter Brauart. Der Bitterton ausgewählter Hopfensorten vermählt sich mit der Malzsüße und hält dem Gaumen somit eine breite Palette an Aromen bereit.
Ein köstliches Beispiel liefert die Privatbrauerei Bolten in Korschenbroich, deren Wurzeln bis ins Jahr 1266 reichen und die sich somit

als älteste Altbierbrauerei der Welt betiteln darf. Vier Hopfensorten werden nach altem Rezept vermaischt und erreichen die für Altbier typische Stammwürze von 11,7 Prozent.
Marktführer ist das überregional erhältliche Diebels aus Issum, wo 1878 der Grundstein für eine damals sehr moderne Brauerei gelegt wurde. Schon 1901 nutzte man die noch sehr teure Elektrizität, um die Produktion zu betreiben. Zum 130-jährigen Geburtstag eröffnete das Diebels-Museum, dessen Besuch zum Erwerb eines

Die Brauerei Diebels in Issum kann besichtigt werden

Hält die Brautradition in Münster aufrecht: Pinkus Müller mit einem jährlichen Ausstoß von 20.000 Hektolitern

Zapf-Diploms genutzt werden kann, für das man sich im Fassanstich und ordentlichen Zapfen unterrichten lässt. Traditionell fließt Alt in Altbierpokale oder in schlicht zylindrische 0,2-l-Gläser.

Die Altstadt von Düsseldorf nennt sich Längste Theke der Welt, und an diesem Tresen ist die Bestellung des einen oder anderen Altbiers Pflicht. Vielleicht gleich in der Gasthausbrauerei Zum Uerige, wo ebenjenes Uerige direkt aus dem Holzfass kommt.

Auch Münster beheimatete einst die stattliche Anzahl von 150 Altbierbrauereien. Seit im Jahre 1984 Germania dicht machte, bleibt nur noch eine einzige. Pinkus Müller, gegründet 1816, wird nunmehr in der fünften Generation betrieben. Das Altbier unterscheidet sich deutlich von den zuvor beschriebenen: Es ist heller, wird mit Milchsäurebakterien vergoren und bringt eine säuerlich-frische Note mit. 1978 war diese Brauerei die erste in Deutschland, die komplett auf Zutaten aus kontrolliert biologischem Anbau setzte.

Der Konkurrent zu den Produkten der Landeshauptstadt kommt aus der rheinischen Domstadt Köln: das Kölsch, dessen Genuss eng mit der kölschen Volksseele verbunden ist, nicht nur im Karneval. Die Rivalität zwischen Düsseldorf und Köln, dessen Bewohner es schrecklich finden, von einem Dorf aus regiert zu werden, ist legendär, und noch heute wird launig davon abgeraten, in Düsseldorf ein Kölsch zu bestellen und umgekehrt ein Alt in Köln zu verlangen. Auch kölnisches Bier ist obergärig, aber heller und wird traditionell aus 0,2-l-„Stangen" getrunken, die der „Köbes" in einem Träger, dem „Kranz", an den Tisch bringt. Der Name des Köbes leitet sich aus der kölnischen Variante von Jakob ab. Eine umstrittene Theorie bezieht sich auf die Pilger auf dem Jakobsweg, die auf dem Weg nach Santiago de Compostela in Köln Station machten und manchmal als Kellner ein Zubrot verdienten. Der Köbes trägt eine blaue Schürze, legt ein ruppiges Auftreten an den Tag und wird ein leeres Glas durch ein volles ersetzen, solange man nicht den Bierdeckel auf seine leere Stange legt, um die Rechnung zu verlangen. Kölsch wird rascher schal als andere Biere, weswegen immer wieder ein frisches nachgereicht wird. Am schönsten schmeckt das Kölsch tatsächlich in der Domstadt selbst, wenn es in einem der historischen Brauhäuser genossen wird, wie Päffgen oder Früh. Den größten Ausstoß produziert Reissdorf, und vor allem Gaffel ist auch überregional vertreten. Gesetzlich ist seit 1986 geregelt, dass Kölsch nur aus Köln kommen darf. Die EU gewährte sogar das Siegel einer „geschützten Her-

Die Kölsch- oder Kölner Stange mit 0,2 l Inhalt ist das klassische Gefäß aller Kölschtrinker

kunftsbezeichnung", wie es die Champagne, das Chianti-Gebiet oder die Stadt Cognac besitzen. Ein vergleichbarer Biertypus aus Bonn darf somit nicht Kölsch heißen und wird entsprechend im Brauhaus Bönnsch in griffigen bananenförmigen Gläsern serviert. Norddeutschland erfrischt die Biertrinker mit charaktervollen Bieren mit herberen Aromen, wie ein Flensburger oder ein Jever beweisen. Eine besondere Stellung nimmt die 30.000 Einwohner zählende Stadt Einbeck im

Der Köbes serviert die Stangen aus seinem Spezialtablett, dem Kranz

niedersächsischen Landkreis Northeim ein. Das Einbecker Brauhaus braut seit 1378 und erfuhr 1521 eine besondere Würdigung, als Martin Luther lobte: „Der beste Trank, den einer kennt, wird Einbecker Bier genennt." Jeder Vollbürger der Hansestadt besaß

Im südlichen Niedersachsen, in Einbeck, liegt die Wiege des Bockbiers

Der Ordensgründer der Paulaner, Franziskus von Paola

Braurecht, und alte Stadtbücher von 1600 nennen 700 Brauherren. Wer Bier herstellen wollte, musste dies dem Magistrat kundtun, der dann den städtischen Braumeister samt seinen Gerätschaften in die entsprechenden Häuser schickte. Aus diesem Grund weisen viele der wunderschönen Fachwerkhäuser im Stadtkern auffallend hohe Toreinfahrten auf. Durch diese mussten die großen Braupfannen passen. Das starke, alkoholreiche Bier war sehr geschätzt und wurde sogar bis Italien geliefert. Durch den Alkoholgehalt hielt es dem Transport auch über weite Strecken stand und war bald im gesamten Gebiet der Hanse bekannt und begehrt.

Selbst in München leckte man sich die Finger nach dem kostbaren Braugut, weswegen das dortige Hofbräuhaus 1614 den Einbecker Braumeister Elias Pichler abwarb. Nun beginnt die Erfolgsgeschichte eines Sprachfehlers, denn die Bayern taten sich in ihrem Dialekt schwer, den Namen der niedersächsischen Ortschaft auszusprechen. In alten Aufzeichnungen tauchen Bezeichnungen auf wie „Einpöcksch" oder „Oambock", woraus schließlich das Bockbier wurde, das die bayerischen Brauereien künftig als ihre eigene Spezialität anpriesen.

Das Doppelbock mit über 7 Vol.-Prozent Alkohol ist dann tatsächlich die süddeutsche Weiterentwicklung der Mönche, die mit dem Nährwert der Starkbiere als eine Art flüssiges Brot ihre kargen Mahlzeiten aufbesserten. Ab 1634 erlangte das Bockbier der Paulaner Mönche aus dem Münchner Kloster Neudeck ob der Au große Beliebtheit. Ihr stärkeres Doppelbockbier widmeten sie ihrem Ordensgründer, dem heiligen Franz von Paola, der die strengen Fastenregeln vorgegeben hatte, und nannten es Sankt-Vaters-Bier, woraus sich später der Name Salvator ableitete. Im 18. Jahrhundert fand der Starkbieranstich alljährlich am 2. April auf dem Münchner Nockherberg statt, bei dem der Braumeister Bruder Barnabas dem bayerischen Kurfürsten den ersten Krug überreichte, was diesen dazu bewog, den Paulanern 1780 den freien Bierausschank zu gestatten. Auch heute noch gehört der Starkbieranstich auf dem Nockherberg mit politischem Kabarett, Festrede und Singspiel zu den Attraktionen der Münchner Volkskunst.

Auch die anderen Brauereien von Starkbier kennzeichnen ihre Doppelbockbiere mit der Endung -ator. Und so kosten wir den Augustiner Maximator, den Ayinger Celebrator, den Kulmbacher Kulminator, den Löwenbräu Triumphator, den Tettnanger Coronator und mehr.

Das Salvator führte 1844 zu mehrtägigen Tumulten, als der Bier-
preis kurz vor dem Salvator-Anstich um zwei Pfennig pro Glas er-
höht wurde, von 6 Kreuzern auf 6 ½ Kreuzer. Kurz zuvor war bereits
der Brotpreis gestiegen. Über 2.000 Bürger stürmten und demo-
lierten 32 Brauereien. Nur Menterbräu und Eberlbräu wurden ver-
schont, da sie auf die Preiserhöhung verzichtet hatten. Das Militär
griff nur zögerlich ein, da die Soldaten
selbst die Erhöhungen missbilligten.
Erst mehrere Tage später fand der Bier-
krawall durch die Rücknahme der Preis-
erhöhungen ein Ende. Im Revolutions-
jahr 1848, als halb Europa politische
Mitbestimmung forderte und dafür
auf die Barrikaden ging, blieb Bayern
ruhig, nur nicht im Oktober, als wieder
eine Bierpreissteigerung zu neuen Kra-
wallen führte, bei denen die Brauerei
Pschorr komplett demoliert wurde und
in der Folge ihre Vormachtposition im
Münchner Markt einbüßte.

Kühlen wir die Gemüter mit einem
Eisbock, das wohl eher eine zufällige
Erfindung war, als um 1900 ein Lehrling
der Kulmbacher Brauerei vergaß, zwei
Fässer mit Bockbier im kalten Winter
nach innen zu schaffen. Das Bier gefror, was zu einer überraschend
schmackhaften Konzentration von Aromen und Alkohol führte, und
eine neue Spezialität war geboren, die heute auch von der Schneider Brauerei als Aventinus Eisbock angeboten wird.

Zurück zu den kühlen Nordlichtern, deren einst braubegeister-
te Hansestädte heute mit einer überschaubaren Markenpalette
aufwarten, dafür aber mit beachtlichen Erfolgsgeschichten und
kuriosen Werbekampagnen. Das Beck´s aus Bremen wurde zum Bot-
schafter des deutschen Bieres in der Welt und heute in 120 Ländern
verkauft. Jede Minute werden rings um den Globus 3.000 Flaschen
Beck´s geleert, darunter das geschmacklich bemerkenswert lang-
weilige, aber szenerelevante Beck´s Gold. Die Schwesterbraumarke
Haake-Beck verkörpert hingegen das norddeutsch-bodenständige
Herbe und produziert noch ein althergebrachtes Kräusenbier, ein
unfiltriertes Pilsener.

Paulaner-Braumeister
Bruder Barnabas reicht
Kurfürst Karl Theodor den
ersten Krug mit Salvator-
Starkbier nach dem Anstich
auf dem Nockherberg. Der
Maler und Dichter Eduard
Ille unterlegt die Szene mit
den lateinischen Worten:
„Salve pater patriae"
„Sei gegrüßt, Vater des
Vaterlands"

In der Hansestadt Hamburg rinnt das gerne sprachlich verunglimpfte Holsten Pilsener aus Altona durch die Kehlen („Holsten knallt am dollsten"). Lokale Sangeskünstler verkündeten zudem „Dosenbier macht schlau" und prägten das Kürzel Hopihalido, Holsten-Pilsener-in-der-halb-Liter-Dose. Zu Holsten, das seinerseits zum Carlsberg-Konzern zählt, gehört das Bier, das sich in origineller Werbung mit dem Kiezcharakter von St. Pauli umgibt, Astra Urtyp. Das Flair der Reeperbahn mit Herz und Anker ist seit einigen Jahren auch überregional willkommen.

Astra, das Kultbier vom Kiez, ist auch bekannt für originelle Werbekampagnen

Auf der Nordseeinsel Sylt überrascht den Wanderer die dortige Hopfenplantage, die 2004 angelegt wurde und deren edles Ergebnis in dunklen Weinflaschen für Furore in der Bierwelt sorgt. Der Sylter Hopfen, wie das Bier denn auch heißt, soll sich bewusst fernab des Massengeschmacks bewegen und wird in zwei Stufen mit zwei verschiedenen Hefesorten, einer untergärigen Bierhefe und einer französischen, vergoren. Der vollmundige Geschmack trifft eine prickelnde Frische, die an Flaschengärung mit Hefen aus der Champagne erinnert.

Ein exklusives Image gibt sich das Sylter Hopfen Bier von der Nordseeinsel

Die Bewohner der Ostseeküste und der angrenzenden Bundesländer kommen gleichfalls nicht zu kurz, wenn es um erfrischenden Gerstensaft geht. Die Hanseatische Brauerei zu Rostock begann nach Beschädigung und Demontage im Zweiten Weltkrieg neu als VEB Rostocker Brauerei und produzierte beispielsweise das Rostocker Bockbier. Nach dem Mauerfall wurde kräftig modernisiert und es geht als Rostocker Brauerei GmbH weiter. Ein Export, Pils und ein Dunkel sind zu Aushängeschildern der Brauerei geworden, die erst für Beck´s, dann für Brau und Brunnen und seit 2004 für die Radeberger Gruppe erfolgreich den Nordosten erobert, was wiederum die Lübzer Brauerei mit dem Leuchtturm im Logo für die Carlsberg-Gruppe versucht, mit großen Erfolgen auch in Brandenburg und Sachsen. Der Biermarkt in den neuen Bundesländern ist in den letzten Jahren tatsächlich intensiv modernisiert und wiederbelebt worden, indem man sich auf alte Werte, Traditionen und Gestalten besann. Klaus Störtebeker wurde Namensgeber für die Bierpalette der Stralsunder Brauerei mit Sorten von Porter bis Bernstein-Weizen unter dem Namen des Freibeuters. In vier historischen Gebäuden in Rostock, Greifswald, Binz und Stralsund bietet das Braugaststät-

tenkonzept Zum alten Fritz der Unternehmensgruppe Nordmann
die Erzeugnisse der Stralsunder Brauerei in schönem Ambiente vor
kupfernen Braukesseln an.

Der Alte Fritz weist uns den Weg durch
die Brandenburger Schwarzbierland-
schaft nach Berlin. Begann unsere
kleine Deutschlandtour in der Hauptstadt des Bieres, so wollen wir sie in der
Hauptstadt des Landes beschließen und
finden uns in Berlin ein. Nur die Freunde
ehemaliger Industriearchitektur können
ermessen, welch bedeutsame Braume-
tropole Berlin früher war. Über hundert
Brauereien versorgten zur Kaiserzeit die

*Zu den schönsten
Gasthöfen Mecklenburg-
Vorpommerns zählen die
vier Braugasthäuser der
Stralsunder Brauerei. „Zum
Alten Fritz" gibt es in Ros-
tock, Stralsund (abgebil-
det), Binz und Greifswald*

durstigen Hauptstädter. Alleine in den Ortsteilen Prenzlauer Berg
und Pankow waren 24 Brauereien ansässig und auch in Kreuzberg
und Neukölln reihten sie sich dicht aneinander. Aber die Bierstadt
Berlin traf ein ähnliches Schicksal wie beispielsweise Dortmund, und
so ist die einstige Vielfalt kaum mehr zu erkennen. Verschwunden
sind die einstmals großen Marken wie Bötzow, Pfeffer, Patzenhofer,
Bock, Groterjahn, Landré, Königstadt und viele weitere. Auch der
Name Engelhardt Charlottenburger Pilsener prangt zwar noch als
Schriftzug an einigen Lokalen, der Ausschank ist jedoch rar geworden und ausgewählten Gastronomen vorbehalten. Sämtliche
aktuell bekannten Berliner Biermarken verantwortet nun ein einziger
Standort in Hohenschönhausen: Schultheiss, Berliner Kindl, Berliner
Pilsner, Bärenpils, Bürgerbräu, Engelhardt, Märkischer Landmann
und auch Potsdamer Rex. Mit der Zusammenfassung an dem einen,
alleinigen Braustandort verringerte sich die Vielfalt, und selbst bei
den erhalten gebliebenen Spezialbieren, wie dem Rotkehlchen mit
5,3 Vol.-Prozent Alkohol aus dem Hause Bürgerbräu, streiten Kenner
über eine veränderte Rezeptur mit deutlicheren Malznoten seit dem
Umzug von Friedrichshagen.

Die Urberliner Bierspezialität, die jedoch immer mehr ins Hinter-
treffen gerät, ist die traditionelle Berliner Weiße, die im 16. Jahrhundert Einzug in die Region gehalten hat. Die napoleonischen
Soldaten bezeichneten das säuerlich-frische Gebräu nach ihrem
Einmarsch in Berlin 1806 noch als Champagner des Nordens, das
sie an den Tresen von 700 Weißbierlokalen verkosten konnten.
Der Vergleich mit dem Schaumwein liegt nahe, gären doch beide

*In Berlin wartet der
Flaschenturm der alten Engelhardt Brauerei auf eine
neue Nutzung. Das Bier
selbst ist als Schankbier
in ausgewählten Gast-
ronomiebetrieben auch
weiterhin zu bekommen*

Im traditionellen Pokal schmeckt eine Berliner Weiße mit Schuss am besten

Getränke in der Flasche nach. Das Malz der Weißen wird zuvor mit obergärigen Bierhefen und – was bei anderen Biertypen ungewöhnlich, gar unerwünscht ist – mit Milchsäurebakterien bearbeitet. So entsteht ein leichtes Schankbier mit einem Alkoholgehalt von etwa 3 Vol.-Prozent.

Früher vergruben die Brauer die Flaschen im sandigen Keller, wo dann Nachgärung und Reifung in aller Ruhe vonstatten gingen. Um die Nachgärung zu bändigen, war der Verschluss meist mit einem Bindfaden befestigt, einer Strippe. Die gängigste Bestellung der Berliner Stammtischväter lautete deshalb auf „eine Weiße mit Strippe", wonach zum Gerstensaft ein Kümmelschnaps oder ein Korn gereicht wurde. Heute kennt man meist die Rote und die Grüne Weiße mit Himbeer- oder Waldmeistersirup.

Leider behandelt das gute Dutzend Berliner Hausbrauereien das Traditionsgetränk ebenfalls arg stiefmütterlich, selbst das fulminante Eschenbräu und das trendige Hops & Barley wagen sich nicht an die Milchsäurebakterien. Immerhin sorgt die Versuchs- und Lehranstalt für Brauerei in Berlin für die Vermittlung des Wissens um die Brautechnik, während die angeschlossene Gesellschaft für Geschichte des Brauwesens e. V. sich um die Erkundung und Bewahrung der Historie der Urberliner Spezialität verdient macht.

Eine sehr schmackhafte, sogar pur genießbare Weiße findet man doch noch, da sind sich die Fachleute einig. Nur kommt diese aus der Potsdamer Braumanufaktur im Forsthaus am Templiner See, die mit biologisch erzeugten Produkten arbeitet. Es handelt sich also genau genommen um eine Potsdamer Weiße. Wie lange wollen die Berliner Brauer das noch auf sich sitzen lassen?

Das erste Wochenende im August bedeutet für die Berliner Biertrinker einen Saisonhöhepunkt, wenn das Internationale Berliner Bierfestival in einem 2.000 Meter langen Biergarten entlang der historischen Karl-Marx-Allee (erbaut als Stalinallee) mit 2.000 Bieren von 300

Brauereien aus über achtzig Ländern 800.000 Besucher erwartet.
Dann gilt wieder einmal das alte Motto von Wilhelm Busch:
„Die erste Pflicht der Musensöhne
ist, dass man sich ans Bier gewöhne!"

Österreich

Der Bierdurst der Österreicher ist mit über 106 Litern benötigter
Löschflüssigkeit pro Kopf und Jahr recht intensiv. Gleichzeitig mag
diese Menge auch für die hohe Qualität unseres Getränks in der
Alpenrepublik sprechen. 74 größere und mehr als hundert Hausbrauereien erzeugen über 600 verschiedene Biersorten.
Der auswärtige Gast sollte sich auf eine kleine Sprachkunde
einlassen, um mitreden und mitbestellen zu können, wenn's ums
Bier geht. So trifft man in Österreich sehr oft auf Märzenbier, das
sich allerdings deutlich von seinem deutschen Namensvetter
unterscheidet. Traditionell im März gebraut, war es jeweils das letzte
Bier, das im Frühling noch mit natürlichen Eisvorräten des Winters
im Eiskeller eingelagert wurde und bis in den Oktober trinkbar war.
Die Kühlung war nötig, um den unerwünschten Einfluss von wilden
Hefen aus der Luft zu unterbinden. Für die Haltbarkeit brauten es
die Hersteller daher stärker ein, was in Deutschland mit über 5,5
Vol.-Prozent Alkohol auch heute noch der Fall ist, weshalb es hier
auch als vollmundiges Festbier Verwendung findet. In Österreich
entwickelte sich das untergärige Märzen in einer etwas dünneren
Variante mit um die 5 Prozent Alkohol zum populärsten Biertyp,
wohl auch, weil die Steuerlast für den Gerstensaft hier deutlich
höher ist und sich nach dem Alkoholgehalt richtet.

*2011 stellt das Internatio-
nale Berliner Bierfestival einen neuen Weltrekord auf:
den längsten Biergarten
der Welt mit 1.820 Metern*

Keinesfalls sollten Sie Bier verwenden, um den Haberer (= Kumpel)
einzuwassern (= betrunken zu machen), damit dieser dann blattl-
weich einen Fetzen hat (= betrunken ist). Definitiv gilt es, einen
Fensterschwitz (= abgestandenes Dünnbier) zu meiden, denn das
ist ein echtes Gschloder (= schlechtes Getränk).
Wenn in Wien der Durstige ein „16er Blech" bestellt, so meint er
damit eine Dose Bier aus dem Hause Ottakringer, das im 16. Bezirk
der Hauptstadt gebraut wird. Nachträglich benannte die Brauerei
ein Bier nach jener Redewendung. Ein tiefer Quellwasserbrunnen
wird gerne für die Qualität des Bieres verantwortlich gemacht, das
in Umfragen und Verkostungen öfters als Österreichs bestes Bier
bezeichnet wird. Als Ottakringer 1977 aus dem österreichischen
Bierkartell austrat, das zuvor den Markt diktiert und den Vertrieb

*Bier für die Alpenrepu-
blik. Der Verband der
Brauereien Österreichs
vertritt die Interessen von
73 Brauereien und 101
Gasthausbrauereien*

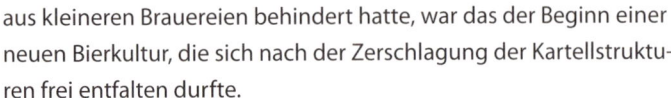

aus kleineren Brauereien behindert hatte, war das der Beginn einer neuen Bierkultur, die sich nach der Zerschlagung der Kartellstrukturen frei entfalten durfte.

Mitte des 19. Jahrhunderts schrieb der Braumeister Anton Dreher Biergeschichte, der als einer der Wegbereiter des Lagerbieres gilt und 1848 erstmalig eine moderne Dampfmaschine in der Produktion einsetzte. Der Apparat kann heute im Technischen Museum Wien besichtigt werden. Die Legende berichtet von Drehers Fortbildungsreisen nach England und Deutschland, von wo er Hefekulturen in seinem ausgehöhlten Spazierstock in die österreichische Heimat schmuggelte. Seine 1862 in Budapest gegründete Brauerei existiert und braut dort noch heute ein Bier namens Dreher Classic und auch Italien ehrt den Pionier mit einer Birra Dreher aus Mailand.

Dreher kreierte zudem 1841 für die Brauerei Schwechat einen Biertyp, der als Wiener Lager populär wurde. Das bernsteinrote oder kupferfarbene Gebräu bildete einen Zwischenschritt zu den helleren und klareren Lagerbieren, aber die malzige Süße und komplexe Würzigkeit sorgten für beständige Nachfrage nach diesem Stil. Jedoch war es nicht zuerst im Heimatland Österreich selbst, wo erst seit einigen Jahren die Brauereien wieder alte Rezepturen hervorkramen und dieser Typ Lager eine kleine Renaissance erlebt – ausgerechnet in München wurde der Wiener Stil weiter gepflegt und findet auf dem Oktoberfest reichlich Zuspruch. Besonders das Oktoberfest-Märzen kommt dem alten Stil sehr nahe.

Ein Austria-Klassiker, der gerne in der Gaststube zu einem Backhendl oder einem Schnitzel genossen wird, ist das Salzburger Zipfer mit der markanten Flasche und dem schönen Slogan: „Ein Glas heller Freude". Die Brauerei aus Zipf arbeitet als eine der wenigsten mit ganzen Hopfenblüten. Das bekannteste Bier des Landes mag jenes von der Brauerei Gösser aus der Obersteiermark sein, die seit 1933 das offizielle Bundeswappen auf ihren Unterlagen verwenden darf und mit dem 2005 zum fünfzigsten Jahrestag des Österreichischen Staatsvertrages angestoßen wurde. Das Unternehmen hat seinen Namen nach seinem Gründungsort Göss, wo es nun ein schönes Brauereimuseum betreibt und von wo noch immer das Bier den Weg ins Land nimmt. Der Name findet sich in der Alltagssprache wieder, wo der Gössermuskel das bezeichnet, was anderswo Bierbauch genannt wird.

Im Salzkammergut wird nicht selten zu einer Flasche Hopfenkönig aus der Brauerei Schloss Eggenberg gegriffen, die im schlichten Design, aber mit kräftigem Geschmack nach Pilsner Brauart hergestellt wird. Die Brauerei braut seit 1681 gewerblich Bier und befindet sich seit nunmehr 200 Jahren in Familienbesitz. Sie bietet eine breite Palette von traditionellen bis hin zu modernen, experimentellen Bieren wie dem Nessie aus schottischem Highland-Whisky-Malz. Eine Besonderheit stellt das Samichlaus dar, ein Starkbier, das mit seinen 14 Vol.-Prozent Alkohol eines der stärksten Lagerbiere nach deutschem Reinheitsgebot ist. Es wird nur einmal im Jahr, am Nikolaustag, gebraut, um anschließend zehn Monate zu reifen. Samichlaus ist schweizerisch für St. Nikolaus, und ursprünglich stammt die Rezeptur auch aus dem anderen Alpenland, nämlich aus der Brauerei Hürlimann in Zürich. Diese wurde 1997 von der Feldschlösschen AG (einem Schweizer Getränkeunternehmen, nicht zu verwechseln mit den gleichnamigen Brauereien aus Dresden und Braunschweig) übernommen. Im gleichen Zuge wurde die Produktion des Samichlaus eingestellt. Der Familienbetrieb aus dem österreichischen Vorchdorf sicherte sich kurzerhand die Rezeptur und verhalf der Bierspezialität 2000 zu einer Wiedergeburt im Nachbarland seines Ursprungs.

Der Kupferstich zeigt Schloss Eggenberg in Oberösterreich

Schweiz

Das Land der Eidgenossen blickt auf eine lange Brautradition zurück. Auf einen besonderen Schatz kann das Kloster von St. Gallen verweisen. In einem detaillierten Klosterplan aus dem Jahre 814 sind gleich drei Brauereien eingezeichnet: jeweils eine für die Mönche, die Pilger und die Gäste. Die Klosterbibliothek hütet die Urkunde, aber gebraut wird in den Gemäuern leider nicht mehr.

Trost spendet in der gleichen Stadt der Trunk der ältesten aktiven Braustätte der Schweiz, der Brauerei Schützengarten von 1779. Hier gibt es das St. Galler Klosterbräu und das Edelspez. Zugleich ist die Brauerei die wichtigste eigenständige Brauerei des Landes, in dem ein Dutzend Brauereien für ca. 95 Prozent der Bierproduktion sorgen.

Mit dem Kloster St. Gallen kann man sogar in die Luft gehen

Die Konzerngiganten Carlsberg und Heineken eigneten sich eine Brauerei nach der anderen an, bis den Schweizern der Kragen platzte. 1996 stellte die Züricher Traditionsbrauerei Hürlimann als letzte Brauerei der Stadt die Produktion ein, nachdem sie, wie erwähnt, von Feldschlösschen übernommen worden war, das wiederum zu Carlsberg gehört. 1997 errichteten drei unbeugsame Zürcher eine neue Produktionsstätte, um der lokalen Bierarmut der Region um Zürich entgegenzutreten. Ihr neues Gebräu nannten sie Turbinenbräu.

Kupferstich vom Ort St. Gallen, aus dem Thurgäuer Tor betrachtet

Nach einer Erweiterung im Jahr 2002 ist das Unternehmen heute die größte Brauerei im Kanton und steigerte den Ausstoß von einem Hektoliter im ersten Jahr auf 14.000 Hektoliter heute. Wegen der natürlichen Art der Herstellung, ohne Stabilisatoren und Pasteurisierung, muss das Bier frisch getrunken werden und hat eine geringere Haltbarkeit, die den Export kaum gestattet. Bei einem Besuch im Raum Zürich sollte daher unbedingt ein Goldsprint Spezialbier probiert werden, das köstliche Hauptprodukt der Marke.

Der Begriff Spezialbier begegnet dem Bierfreund in der Schweiz sehr häufig, dafür ist die Bestellung eines Pilsners tabu. In einem Abkommen zwischen der Schweiz und Tschechien wurde vereinbart, dass die Schweizer die Bezeichnung Pilsner nicht verwenden, im Gegenzug machen die Tschechen keinen Gebrauch von der Käsebezeichnung Emmentaler.

Dem mutigen Beispiel von Turbinenbräu eifern immer mehr Brauenthusiasten nach, und so erleben kleine Hausbrauereien einen wahren Boom. Im Jahr 2000 beheimatete die Schweiz gerade einmal 86 Brauereien, heute sind es wieder knapp 300. Viele

J. Weber malte die Hürlimann Brauerei im Jahre 1876

davon gründeten eine Aktiengesellschaft, um das Startkapital zu sichern, und schrieben kleine Erfolgsgeschichten, wie die winzige Huus-Braui in Roggwil, die seit 2002 mit dem verwegenen Slogan: „international unbekannt – national eher unbedeutend – regional der Hammer" wirbt, oder die Biervision Monstein, die auf 1.600 Metern Höhe als höchste Brauerei Europas gilt und den Monsteiner Wätterguoge ausschenkt, benannt nach dem Walser Namen des Alpensalamanders.

Der Schweizer Brauerei-Verband und seine Mitgliedbrauereien verleihen seit 1972 den Bierorden „Ad Gloriam Cerevisiae" („Zu Ehren des Bieres") an Personen, die sich um das Gerstengetränk in besonderem Maße verdient gemacht haben. Die 400 Ordensträger verpflichten sich laut Satzung: „dem edlen Bier allezeit die ihm gebührende wache Aufmerksamkeit zu widmen, es mit Sorgfalt und Hingabe zu behandeln und zu genießen … die Kenntnisse gütig andern Bierkennern mitzuteilen, sie über die Eigenschaften dieses Getränkes zu belehren, wie es sich angesichts der Jahrtausende alten Tradition des Bieres geziemt … das Bier überall zu ehren und niemals zu vergeuden". Eine Verpflichtung, der sich ein jeder Bierfreund anschließen möge.

Die Brauerei Wädenswil am Zürichsee um 1900

Exkurs:
Vom Kindl zum Rollberg
Braukultur jenseits der
großen Konzerne

In den letzten Jahren wächst, gedeiht und blüht die Gattung der Klein- und Kleinstbrauereien. Beinahe gilt es, ein neues Vokabular zu erlernen. Haus- und Gasthausbrauereien fertigen ihr eigenes Gebräu zum Ausschank in der Kneipe, manchmal auch mit
Speisen im Gastraum dazu. Aus dem englischsprachigen Raum stammt für die Klein-
und Kleinstbrauereien der Begriff der Micro Breweries, der aber zunehmend ersetzt
wird durch Craft Breweries, was die Tradition des Handwerklichen betonen soll gegenüber dem industriellen Charakter der üblichen Biere. Einen weiteren Trend verkörpern
die sogenannten Gypsy Brewers. Da „Zigeunerbrauer" als Übersetzung einen fragwürdigen Beiklang hat, nennen wir sie lieber Wanderbrauer. Die oft hochqualifizierten und
hochkreativen Fachleute werden als Gast in verschiedene Brauereien eingeladen, um
dort ein besonderes und individuelles Gebräu zu entwickeln.

*Ein erster deutscher Gypsy
Brewer? Fritz Wülfing heißt
der Mann hinter dem
schmackhaften Fritz Ale
aus Bonn*

Leidenschaftliche und engagierte Brauer setzen spannende Sude
an, deren Ergebnisse sich auf vielfältige Weise vom Mainstream
der Massenbiere abheben. So können sie oft interessante Hopfensorten verwenden, die aufgrund ihres geringen Ertrages für große
Braukonzerne uninteressant sind. Viele experimentieren auch mit
jungen Neuzüchtungen an Hopfen, Malzen und Hefen. In England,
Dänemark und Italien sorgen exklusive und ungewöhnliche
Edelgebräue für Aufmerksamkeit in Szene- und Gourmetkreisen.
Besonders in den USA haben einige der Craft Breweries bereits
eine stattliche Größe im Markt erreicht und so können Brauereien
wie Sierra Nevada, Samuel Adams, Stone Brewing und New Bel-
gium auf ihre neue Tradition verweisen, Traditionen zu ignorieren.

Bierqualität, bewusster Genuss und trendiger Lifestyle begegnen
sich dabei, zuweilen vermengen sie sich gar. Ein Blick nach Berlin
verdeutlicht auf kuriose Weise, wie sich Bier und seine Wahrnehmung aktuell entwickeln: Die Wahlberliner Stephan Alutis und Johannes Schwaderer wehren sich gegen künstliche Markenwelten
und visuelle Umweltverschmutzung durch Werbebotschaften. Seit
2009 steht auf dem weißen Etikett ihres vom Brauhaus Landsberg

produzierten Gebräus nicht mehr zu lesen als „Bier" und „0,33 l".
Der in der Hauptstadt ansässige Designkünstler Paul Snowden
kreierte 2005 sein T-Shirt-Modelabel Wasted German Youth und
huldigte damit der elektronischen Musik und der Ravekultur. Seit
März 2011 trägt die Berliner Szenejugend in Gestalt des Mitte-
Nerds oder des Kreuzberg-Punks die modisch passende Flasche
und gönnt sich einen Schluck Wasted German Beer, in Bayern im
Stile eines Export gebraut.

„Bier für den Kiez" verkündet die Biermarke Quartiermeister und
bestätigt das in doppeltem Sinne. Im August 2010 lieferte Sebastian Jacob die ersten Kästen im Bezirk Neukölln aus und erntete
Verwunderung. Das gute Bier aus dem anhaltinischen Garley
Traditionsbrauhaus in Gardelegen erwirtschaftet seinen Gewinn
ausschließlich für soziale Initiativen und Projekte im Viertel, im
Kiez, im Quartier. „Trinke Bier und tue Gutes", lautet das Motto,
und viele profitieren davon.

Ebenfalls in Neukölln liegt ein großes Gelände, das Berliner
Biergeschichte schrieb. Aus der Vereinsbrauerei Berliner Gastwir-
the zu Berlin von 1872 wurde 1879 die Vereinsbrauerei Rixdorf,
die ab 1910 als Berliner Kindl Brauerei ein unübersehbarer Faktor
in der Industriegeschichte der Metropole war. Der Erfolg der
Marke vor allem mit dem Kindl Spezialbier sorgte für den Zukauf
weiterer Braustätten, Unternehmensexpansion und einen Ausstoß
von Millionen Hektolitern. 1930 errichtete das Unternehmen
das schönste Sudhaus Europas in Neukölln. 2005 schüttete die
Oetker-Unternehmensgruppe den Brunnen zu und gab den
Standort auf, um ihre sämtlichen Biermarken in den ebenfalls
imposanten Gebäuden der heutigen Berliner-Kindl-Schultheiss-
Brauerei im Stadtteil Hohenschönhausen zusammenzufassen.
Seit 2009 kommt aber doch wieder ein Bier aus dem Gewölbe
des wunderschönen historischen Sudhauses in Neukölln, in dem

Braumeister Wilko Bereit die Biere
der Privatbrauerei am Rollberg aus
biologisch erzeugten Zutaten und mit
modernsten Brauanlagen fertigt. Und
das vor der Kulisse der historischen
Sudpfannen! Da gilt der der Werbeslogan des heutigen Konkurrenzun-
ternehmens Kindl in seinem ganzen
schönen Mehrfachsinn:
„So schmeckt Berlin".

*Die Biere der kalifornischen
Stone Brewing Company,
z. B. das Arrogant Bastard
Ale, genießen Kultcharak-
ter unter Beer-Geeks in
USA. Die Eröffnung einer
Deutschlandfiliale ist
derzeit in Planung*

*Nur noch verlassen und
museal mutet die alte Kindl
Brauerei in Berlin-Neukölln
an. Im Keller darunter entsteht das Rollberger Bier*

Bier in Europa
Braukunst der
alten Welt

Die knapp 4.000 Brauereien in Europa beklagen einen konstant rückläufigen Bierverbrauch, der sich natürlich in ihren Produktions- und Verkaufszahlen niederschlägt. Hoffen wir, dass die Europäer dem Grundsatz folgen: Lieber weniger trinken, dafür aber besser!

Die Welt des Bieres verändert sich ebenfalls

Wehmütig blicken die Bierbrauer zurück auf das Jahr 2007, ein Rekordjahr, in welchem sie mehr als 400 Millionen Hektoliter Bier brauten. 2009 waren es dann lediglich noch 383 Millionen Hektoliter, von denen immerhin 98 Millionen Hektoliter aus Deutschland kamen, dem Spitzenreiter unter den Bier produzierenden Ländern. Auf Platz zwei folgt Großbritannien mit 45 Millionen Hektolitern. Die Dritt- und Viertplatzierten liegen recht dicht beisammen: Polen mit 36 Millionen und Spanien mit 34 Millionen Hektolitern, gefolgt von den Niederlanden mit 25 Millionen Hektolitern. Als nächstes kommen die beiden wichtigen Biernationen Tschechien und Belgien mit jeweils 18 Millionen Hektolitern. Die genauen Zahlen, auch zu Import, Export oder Gebinden, veröffentlicht die Europäische Dachorganisation der Brauereien, die Brewers of Europe (www.brewersofeurope.org). Von ihnen erfahren wir auch die interessanten Werte des Prokopfkonsums in den einzelnen Ländern pro Jahr.

Deutschland liegt in dieser Wertung nur auf Platz zwei, mit 109,6 Litern (2003 waren es noch 117,8), knapp gefolgt von den Österreichern mit 106,2 Litern. Der Unterschied zu den klassischen Weinnationen Frankreich (30,7 l) und Italien (28,0 l) ist bemerkenswert. Die übrigen durstigen Europäer, ob aus klassischen Biernationen stammend oder nicht, liegen ansonsten recht dicht beisammen: Irland (91,0 l), Slowenien (88,5 l), Finnland (87,7 l) und Luxemburg (85,6 l). Die großen Biernationen folgen dahinter: Großbritannien (75,8 l), Belgien (81,0 l), Dänemark (71,5 l), Niederlande (72,8 l). Die Schweiz (57, 2 l) liegt im hinteren Feld wie auch Spanien (50,2 l) oder Schweden (52,3 l).

Absoluter Spitzenreiter – und das seit Jahren – im Prokopfverbrauch des guten Gerstensaftes sind die Biertrinker in Tschechien mit 159,4 Litern im Jahr.

In Tschechien lautet folgerichtig eine traditionelle Redensart:
„Wo man Bier braut, da lässt sich´s gut leben!"
Und so geraten wir flugs an die Geburtsstätte einer der wichtigsten
Bierstile weltweit, nach Plzeň (Pilsen) und somit zum Pilsener, kurz:
Pils, oder auch Bier nach Pilsener Brauart. Im Oktober 1842 setzte
der Braumeister Josef Groll erstmals seinen neuen Sud an, der bald
so erfolgreich werden sollte. Aus dem niederbayerischen Vilshofen
hatten die Pilsener Bürger den Braumeister nach Böhmen in die
damalige österreichisch-ungarische Donaumonarchie geholt. Mit
der besonderen Charakteristik aus böhmischer Malzsüße und Saazer
Hopfen kreierte Groll ein untergäriges
Bier mit klarer, goldener Färbung nach
bayerischer Brauart. Böhmische Biere
waren zuvor dunkel und trüb und von
derart schlechter Qualität, dass 1838
Pilsener Bürger wutentbrannt 36 Fässer
öffentlich in die Kanalisation ausschüt-
teten, um gegen das miserable Gesöff
zu protestieren. Der gute Ruf der bayerischen Braukunst ließ sie
hoffnungsfroh an jenen grantigen Josef Groll geraten, von dem
sein Vater einmal sagte, er sei der „gröbste Baier in Baiern". Visionäre
können zuweilen recht merkwürdige Menschen sein. Das Bier fand
begeisterten Zuspruch und bald zahlreiche Nachahmer, die den
Begriff Pilsener verwendeten. 1898 sicherte die Brauerei ihre Rechte
ab und trug das Pilsener Urquell als Markenzeichen ein. Heute
gehört die Brauerei mit dem bemerkenswerten Eingangsportal, den
historischen Lagerkellern und dem Brauereimuseum, in denen interessante Führungen angeboten werden, zum SAB Miller Konzern, der
es als Flaggschiff und globale Weltmarke vertreiben will.
Meister Grolls Vertrag in Pilsen lief 1845 aus und wurde nicht verlängert. Er kehrte nach Vilshofen zurück und starb dort 74-jährig am
22. Oktober 1887, angeblich bei einem Becher Bier an seinem
Stammtisch im Wolferstetter Keller, einem Traditionslokal, das noch
heute für Gäste offen steht. Die Wolferstetter Brauerei erinnert mit
ihrem Wolferstetter Josef Groll Pils an den großen Innovator.

Ein weiterer tschechischer Verkaufsschlager, weniger hopfenbe-
tont, dafür mit etwas ausgeprägterer Malzsüße, kommt aus der
Stadt České Budějovice (Budweis), das Budweiser Budvar. In der
Stadt, in der im 19. Jahrhundert eine deutsche und eine tschechische Bevölkerungsgruppe konkurrierten, setzte 1895 letztere

*Die Wiege der Pilskultur –
das Bürgerliche Brauhaus
in Pilsen. Das Bild zeigt die
Braustätte im Jahr 1872*

mit der Tschechischen Aktienbrauerei dem deutschen Budweiser Bürgerbräu ein Produkt entgegen. Vor der Einführung von Schutzmarken nannte man alle Biere aus jener Stadt Budweiser. Bereits im 16. Jahrhundert verzeichnet die Chronik 44 Braustätten. Seit es Markenrechte gibt, herrscht Streit um den Budweiser-Begriff,

da die amerikanische Anheuser-Busch Brauerei ein Bier gleichen Namens herstellt. Seit über hundert Jahren streiten die Unternehmen vor Gericht um die Bezeichnungen, mit wechselnden Erfolgen und mit verwirrenden Bezeichnungen für die Verbraucher. So trägt das tschechische Bier in Kanada und den USA den Namen Czechvar, das amerikanische Produkt heißt in der EU Anheuser-Busch Bud. In Großbritannien und Irland verwendet Anheuser-Busch den Namen Budweiser, während das tschechische Produkt als Budějovický Budvar verkauft wird.

Für weite Teile des Balkans, Osteuropas und des Baltikums gilt, dass die Zeit des Kalten Krieges die traditionelle Bierherstellung in einen Dornröschenschlaf versetzte. Die mangelnde Modernisierung sorgte jedoch für eine intensive Pflege althergebrachter Traditionen und Brauverfahren wie in Litauen, wo dem Malz beim Schroten Erbsen zugesetzt werden. Mittlerweile sind viele dieser Brauereien in die internationalen Global Player integriert worden, was zu einem deutlichen Schrumpfungsprozess der Biervielfalt führte. Hinter dem slowenischen Topvar steht nun SAB-Miller. Gleiches gilt für das oben beschriebene Pilsener Urquell aus Tschechien, das polnische Tyskie und die alte ungarische Marke Dreher. Die Zeiten, als deren Braumeister wegen ihrer aufregenden Kreationen als Bierkönige betitelt wurden, sind jedoch vorbei. Übrigens bringt es in Ungarn Unglück, beim Zuprosten die Gläser aneinanderzustoßen. Das Nicht-Ritual geht zurück auf eine Episode während der Revolution der Ungarn gegen die Habsburger Besatzer 1848/49: Die Festnahme feindlicher Generäle wurde mit dem Anstoßen der Krüge gefeiert, wenig später waren die Offiziere wieder befreit und tranken ihrerseits auf die Hinrichtung ihrer Gegner.

1862 übernimmt Anton Dreher die Brauerei Kőbányai Serház in Budapest, heute die einflussreichste Marke in Ungarn. Die Traditionsbrauerei verfügt über ein sehenswertes Museum

Es entstanden auch einige komplett neue Unternehmen, nachdem der Eiserne Vorhang geöffnet worden war. Die Firma Baltika erlebte mit der gleichnamigen Marke seit 1990 eine bisher kurze, dafür umso steilere Karriere mit Produktionsstandorten in Russland und der Ukraine, welche jeweils auch eigene Sorten herstellen. Weitere Standorte folgten in Kasachstan und Aserbeidschan. Die einzelnen Biere der Marke tragen eine Nummer, gefolgt von dem Bierstil. So ist Baltika No. 6 Porter eines der bestprämierten Biere Russlands und greift, wie zahlreiche baltische Biere auch, die Tradition wieder auf, die die dunklen, malzig-schokoladigen Geschmacksnoten mit feinen Röstaromen verbindet. Diese Variante von Porter-Bieren trägt in England den Namen Russian Imperial Stout und ist verknüpft mit einer Erfolgsgeschichte aus dem 18. Jahrhundert, als die Londoner Brauerei Thrale´s (die Nachfolgebrauerei heute heißt Courage) ein Bier für den Hof Kaiserin Katharinas II. in St. Petersburg braute, das große Begeisterung hervorrief und die Nachfrage nach diesem Bierstil außerordentlich steigen ließ.

Die Nordischen Länder

In Skandinavien fällt ausgerechnet das kleine Dänemark durch die spannendste Biervielfalt auf. Eine der bekanntesten Gestalten des Königreichs ist der „Durstige Mann": ein beleibter Herr mit Zylinder, Stock und Jacke über dem Arm, der sich in der Mittagshitze einer dürren Ödnis mit einem Taschentuch den verschwitzten Kopf wischt. Blickt man auf das Bild des dänischen Künstlers Erik Henningsen (1855–1930), so stellen sich automatisch Durst und die Sehnsucht nach einem erfrischenden Getränk ein. Durst, den man in Dänemark mit Øl, gesprochen Öl (= Bier), löscht. Jener Durstige wurde zum Inbegriff der Tuborg Brauerei, deren Geschichte 1873 in Kopenhagen begann, als eine Investorengruppe im Ortsteil Hellerup in Hafennähe ein Areal erwarb, um darauf 1880 eine erste Brauerei für untergäriges Bier nach Pilsener Brauart zu eröffnen. Seit 1888 ragt dort eine 26 Meter hohe Flasche im typischen Design der Marke als Aussichtsturm in die Höhe. Aus dem ursprünglichen Namen Thuesborg wurde der Einfachheit halber schon bald Tuborg. Das Unternehmen darf sich seit 1914 als königlicher Hoflieferant betiteln und vertreibt in Deutschland sein klassisches Pilsener und nach dänischer Tradition ein Julebryg, ein Weihnachtsbier.

Marktführer in Dänemark ist jedoch Carlsberg, auf dessen Etikett die Hopfenblüte und die Krone im Schriftzug-Logo prangen. Zu dem Konzern gehören neben Tuborg auch Marken wie Astra, Holsten, Kronenbourg oder Tetley´s. 1847 gründete Jacob Christian Jacobsen, der zuvor in der Münchener Spaten-Brauerei gelernt hatte, eine neue Brauerei und nannte sie nach seinem kleinen Sohn Carl. Der

*Carl Jacobsen, Brauerei-
betreiber und Kunst-
sammler, schenkte 1888
der Stadt Kopenhagen
seine umfangreiche
Kunstsammlung und schuf
die Grundlage für eines der
bedeutendsten Kunstmu-
seen Nordeuropas, die Ny
Carlsberg Glyptotek*

*Der Baumeister Jens Wil-
helm Dahlerup ließ sich
von der Piazza della Mi-
nerva in Rom inspirieren,
wo Elefanten einen Obe-
lisken tragen, und schuf
1901 das Wahrzeichen
des Brauereigeländes, das
Elefantentor mit Turm*

kleine Carl konnte kaum anders, als das Brauhandwerk zu erlernen, war darin aber so eifrig, dass er sich über Philosophien der Bierla- gerung mit seinem Vater entzweite und dessen Konkurrent wurde. 1876 versöhnten sich Vater und Sohn, und 1906 wurden die alte und die neue Carlsberg Brauerei zusammengeführt. Eine kulturelle Stiftung sowie das Sponsoring der Brauerei unterstützen Museen, Forschungseinrichtungen und Sportveranstaltungen seit 1876, als der Firmengründer und Kunstsammler die Carlsberg-Stiftung ins Leben rief. Sohn und Nachfolger Carl Jacobsen stiftete 1913 eine der berühmtesten Sehenswürdigkeiten des Landes, die Skulptur Die Kleine Meerjungfrau in Kopenhagen. Bahnbrechende Forschungser- gebnisse kamen ab 1875 aus den Laboren des Unternehmens. 1883 gelang es Professor Emil Christian Hansen, pure Hefekulturen zu isolieren und zu züchten, was die Bierherstellung weltweit revolu- tionierte. 1909 entwickelte Søren Peter Lauritz Sørensen mit der pH-Skala einen weiteren wissenschaftlichen Durchbruch.

Die Verschönerung von Industriearchitektur wurde zur nächsten Mission der Marke, was man bei einer Besichtigung des historischen Brauereiareals in Kopenhagen erleben kann, wo sich wunderschöne Schornsteine und Türme gen Himmel recken. Ein informatives Besu- cherzentrum präsentiert die größte Bierflaschensammlung der Welt mit ca. 20.000 Exemplaren, zu denen jährlich neue hinzukommen. Mit dem Jacobsen Vintage 3 stellt Carlsberg eines der teuersten Bie- re der Welt her. Ein aufwändiges Verfahren der Hefetrennung und Holzfasslagerung führt zu einem starken Bier mit 16 Vol.-Prozent Alkohol, für das Liebhaber 300 Euro pro 37 cl Flasche zahlen. Auf

dem Etikett ist ein weiteres Wahrzeichen der Brauerei zu sehen, der Elefant. Carl Jacobsen widmete seinen vier Kindern den Elefantenturm auf dem Firmenareal, der seinen Namen nach den vier Elefanten trägt, die sein Portal stützen. Das Tier steht symbolisch für Stärke, Loyalität und Fleiß.

Mit dem Giraf Classic erhielten die Dänen 1962 ein weiteres tierisches Bier. Im Zoo von Odense verstarb Kalle, die Lieblingsgiraffe der Einheimischen, woraufhin die ortsansässige Albani Brauerei ein Gedenkbier mit Giraffendesign ausschenkte, von dessen Erlös eine neue Giraffe gekauft wurde. Dachkonzern ist die Royal Unibrew A/S, zu der auch das bekannte Faxe zählt, oder das wikingerstarke Blå Thor (Blauer Thor), welches zuweilen als bestes Bier Dänemarks gehandelt wird.

Für die Kreativität und Bierkultur der Dänen steht aktuell besonders das Mikkeller Bier. Braumeister Mikkel Borg Bjergsø steht weltweit, vor allem in den experimentierfreudigen Vereinigten Staaten, für ein Phänomen, das „Gypsy Brewer" genannt wird, Wanderbrauer. Dahinter verbergen sich Brauer, die in verschiedenste Brauereien kommen, um dort wagemutige Biere zu kreieren. Mikkeller hat alleine 2010 stattliche 76 Biere gebraut und dafür hervorragende Bewertungen erhalten, beispielsweise von www.ratebeer.com. Die Kopenhagener freuen sich über die Mikkeller Bar (Viktoriagade No. 8 B-C, 1655 Kopenhagen), in der zwanzig Brauwerke des Braumeisters und internationale Spitzenbiere vom Hahn kommen. Regelmäßig im Mai ruft zudem das Copenhagen Beer Festival an die Gläser, wo in der Regel 1.000 Biere aus 200 Brauereien verkostet werden dürfen.

Ungewöhnliche Biere mit ungewöhnlichen Etiketten garantiert Mikkeller

Weiter nach Finnland. Wer im April das finnische Bierfestival in Helsinki besucht, lernt dort eine besondere einheimische Bierspezialität kennen, das Sahti, ein Getreidebier, bei dem während des Brauprozesses Wacholderzweige zugefügt werden. In Deutschland bieten manche Spezialhändler ab und zu das Gold Lapplands an, auf Finnisch: Lapin Kulta.
In Norwegen stößt man in Tromsø am Nordkap auf die nördlichste Brauerei der Welt. Ludwig Julius Mack, ein Bäcker aus Braunschweig auf traditioneller Wanderschaft, wunderte sich über die merkwürdigen Eigengebräue der Norweger, und so gründete der Sohn eines Braumeisters 1877 die nach ihm benannte Brauerei.
Schweden überrascht mit einer hübschen Bandbreite an kleinen

Zur professionellen Beurteilung eines Bieres wird eine Farbskala verwendet, die 14 Abstufungen zwischen Blond und Schwarz listet. In Europa wird Bierfarbe in EBC gemessen, in USA heißt die Einheit SRM

Brauereien (Craft Breweries), die eine alte Porter-Tradition im Lande wiedererweckten. Von den größeren Brauereien sind Falcon, Spendrups und Pripps recht gängig. Hohe Alkoholsteuern und strikte Reglementierungen im Verkauf erschweren die Bierkultur in den Nordischen Ländern. In Island galt bis zum 1. März 1989 ein Gesetz, das die Herstellung von Getränken mit mehr als 2,25 Vol.-Prozent Alkohol verbot. Eine knappe Mehrheit von 13 gegen 8 Stimmen brachte der Abstinenzlerbewegung eine Niederlage bei ,und seither feiern die Isländer den 1. März als Tag des Bieres und stoßen mit den recht jungen Marken Egil oder Viking darauf an.

Großbritannien

Segeln wir gedanklich gen Süden zu den Britischen Inseln, gehen von Bord und freuen uns dort auf die Pubs, die Public Houses, in denen die Messingrohre glänzen und die herrlichen Zapfhähne mit einer reichen Auswahl an Bieren aufwarten. Kaum ein Pub, in dem man nicht zwischen mindestens sechs Sorten wählen kann. Und wir freuen uns auf das Ale in all seinen Variationen. Der Begriff findet zuweilen verwirrende Verwendung, wenn er als Synonym für Bier generell benutzt wird oder als Abgrenzung zum Lagerbier. Tatsächlich bedeutet Ale, ähnlich wie das skandinavische Øl, zunächst einmal: Bier.

Der grundsätzliche aktuelle Gattungsbegriff gilt für ein obergäriges Bier, das im Verfahren der Wärmegärung (die deutlich kürzer ist als die Lagergärung, mit Temperaturen zwischen 15 und 25 °C, ähnlich wie Kölsch oder Altbier) hergestellt wird. Die Bandbreite der Ales ist phänomenal. Von unaufdringlich und erfrischend über vollmundig und mit fruchtigem Charakter bis hin zu ausgeprägten Bitternoten reicht das Spektrum.

Zuweilen täuscht der Name ein wenig über das, was sich tatsächlich dahinter verbirgt. Pale Ale ist beispielsweise alles andere als blass. Der goldene, bis Kupfer oder Bronze reichende Farbton, der von einem besonderen, über Steinkohle getrockneten Malz stammt, wirkt nur hell im Gegensatz zu einem dunkleren Brown Ale oder Stout. International, in Brauereien in den USA oder Belgien, taucht dieser Stil zunehmend als Golden Ale auf. Ab 1830 bis heute werden oft die Begriffe Pale Ale und Bitter Ale synonym verwendet und bezeichnen hopfenbetonte Biere von rötlich-brauner und bernsteinfarbener Tönung. Lange war ein weiterer Unterschied der, dass ein Bitter aus dem Fass kam, während ein Pale Ale in Flaschen lagerte. Da der Zeitgeist nach milden Bieren verlangt, verzichten einige

Brauereien auf den Begriff Bitter im Namen, obwohl das Attribut
hier nur als Abgrenzung zu mild zu verstehen ist. Viele Biertrinker
lieben hingegen die charaktervolle Hopfennote und freuen sich
über das Angebot an ESB-Bieren, die sind nämlich Extra Special
Bitter. In Deutschland recht gut erhältlich sind die Biere der Brauerei
Fuller´s wie Fuller´s ESB oder London Pride, deren Verschiedenheit
die Bandbreite der Brauerei bestens verdeutlicht. Oft sind weitere
Saisonbiere oder sogar besondere Abfüllungen zu bekommen wie
das 1845 Celebration Ale oder das Vintage Ale. Das erfolgreichste
Bitter in Großbritannien kommt aus dem Hause John Smith´s mit
dem Magneten im Logo. Mit John Smith´s Original, Smooth oder
Magnet befüllen Britanniens Zapfer täglich eine Million Gläser.

Eine Tradition findet kräftige Wiederbelebung in den letzten Jahren,
das India Pale Ale, auch IPA genannt. Die britische Kolonialherr-
schaft in Indien konnte nur aufrechterhalten werden, solange der
Nachschub an Gerstensaft für die britischen Soldaten gesichert
war. Der Transport über die weiten Seewege, der oft länger als ein
halbes Jahr dauern konnte, stellte sich als Problem für Qualität und
Haltbarkeit des Getränks heraus, so dass die Hersteller reagierten
und ihre Produkte mit einem höheren Hopfenanteil und mehr
Alkohol haltbarer machten. Das schottische McEwan´s India Pale Ale
stammt aus jenen Tagen und ist auch heute noch einer der belieb-
testen Vertreter dieses Typs.

Obwohl die meisten Ales sich sehr vollmundig und kraftvoll
präsentieren, sind sie gerne recht niedrig in ihrem Alkoholgehalt,
oft unter 4,9 Vol.-Prozent Alkohol. Ein Mild Ale liegt mit 4 Prozent
noch einmal deutlich darunter und diente oft dem Zwecke, den
Durst bei harter Arbeit auf den Feldern, in den Fabriken oder im
Bergbau zu stillen. Mild Ales sind eher süßlich und malzig und weisen die Bitternoten der Pale Ales nicht auf. Allerdings machen sie
sich derzeit rar auf dem Markt. Die Campaign for Real Ale (CAMRA)
hat den Monat Mai nun zum Mild Month erkoren, um diesen Stil
erneut aufleben zu lassen.

Eine erfolgreiche Wiederentdeckung erfuhr das Brown Ale. Vor allem das Newcastle Brown Ale, 1927 erstmals gebraut, ebnete hierfür
den Weg. Historisch um 1700 tiefdunkel und malzig-süßlich, birgt die
moderne Fassung zudem deutliche Karamell- und Röstaromen. Auf
den Flaschen des meistverkauften Flaschenbieres des Vereinigten
Königreichs prangt der selbstbewusste Zusatz: „The one and only".
Geschmackliche Besonderheiten verbergen sich hinter den Begrif-
fen Old Ale und Barley Wine. Old Ale bezieht sich nicht automatisch

Althergebrachtes britisches Ale erfährt besonders in den USA eine moderne Neubelebung. Hier ein Curmudgeon Old Ale der 1997 gegründeten Founders Brewing Company in Grand Rapids, Michigan. Immer öfter taucht in der Bierwelt das Kürzel IBU auf, International Bitterness Unit, eine Maßeinheit für Bitternoten im Bier. Curmudgeon Old Ale verfügt über 50 IBUs. Zum Vergleich: Kölsch liegt bei 18 bis 25 IBUs, englisches Bitter bei 20 bis 35 IBUs

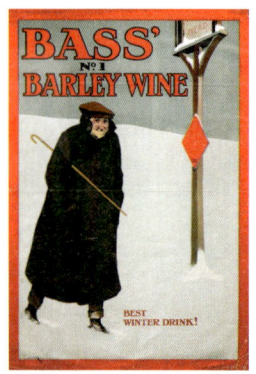

auf Lagerung oder Reifung des Getränks, sondern auf die Anwendung besonderer historischer Verfahren beim Brauvorgang oder bei der Reifung, beispielsweise in besonderen Fässern. Jedes dieser Biere schmeckt sehr individuell und erzählt eine eigene Geschichte und beides sollte unbedingt erkundet werden. Der Barley Wine hat einen sehr hohen Alkoholgehalt. Er entspricht eben dem Wein, und mit seinen um die 14 Vol.-Prozent Alkohol übertrifft er sogar die meisten Sorten des edlen Traubensaftes. Die Erfindung beruht auf den Folgen der britisch-französischen Kriege, die den Weinnachschub nach England verhinderten und die Brauer für Ersatz sorgen ließen. Für klassische Biertrinker sehr gewöhnungsbedürftig, erinnern die Barley Wines doch oft eher an Sherry und fließen in ihrer dickflüssigen Konsistenz eher ungewohnt über die Zunge.

Wer in Schottland weilt, sollte wissen, dass die Ales dort ein wenig anders gehandhabt werden. In der Regel sind sie deutlich weniger bitter als die englischen, was teilweise mit den ungünstigeren Bedingungen für Hopfenanbau im Land des Malt Whisky zusammenhängt.

Viele Brauer kompensieren dies mit dem Zusatz von Kräutern und Gewürzen. Drei Kategorien lassen sich unterscheiden: Light, Heavy und Export. Der Begriff verrät die Stärke des Gebräus und seinen Preis. Letzteren verzeichnen viele Flaschenetiketten mit einer historischen Währungseinheit als Zusatz, wenn sie also das Getränk als 40-, 50-, 60-, 70- oder 80-Shilling Ale bezeichnen. Ein 80-Shilling Ale wäre das teure Export und 80 Shilling der Preis des 19. Jahrhunderts für ein Fass mit 238,67 Liter Inhalt.

In Schottland treiben seit 2007 auch die verrückten Braumeister von Brew Dog ihr für Biertrinker hoch vergnügliches Unwesen und brauen ihr großartiges Beer for Punks mit Namen wie Tactical Nuclear Penguin (eine sehr hochprozentige Sorte) oder Trashy Blonde für eine fruchtige Variante. Ein Anwärter auf den Weltrekord für das stärkste Bier der Welt mag unter dem Namen Sink the Bismarck verkostet werden: ein IPA, das mit 41 Vol.-Prozent Alkohol aufwartet, nachdem es eine vierfache Hopfendosis für vierfache Bitterness erhielt und viermal gefroren wurde. Die fränkische Brauerei Schorschbräu hält derweil mit dem 43-prozentigen Schorschbock dagegen.

Für die Entwicklung der Bierkultur in Großbritannien kann man die oben bereits genannte CAMRA, die Campaign for Real Ale (Kampagne für echtes Ale) nicht genug preisen. Die vielleicht einflussreichste Verbrauchergruppe in Europa verzeichnet über 115.000 Mitglieder. 1971 von ein paar leidenschaftlichen Bierfreunden ins Leben gerufen, die sich über den Qualitätsverfall der einheimischen Bierprodukte ärgerten, entwickelten sich die Kampagnen für den Erhalt von Brautraditionen und die Wiederbelebung britischer Bierqualität zu bedeutsamen Faktoren für die Brauwirtschaft des Landes. Die Preise und Auszeichnungen der CAMRA sind begehrte Qualitätssiegel, ihre Feste und Veranstaltungen gut besucht und ihre Stimme findet zunehmend Gehör in der Industrie. Jährlich erscheint der Good Beer Guide, ein Führer durch britische Brauereien und Pubs und eine kritische Betrachtung der aktuellen Entwicklungen. Die 38. Auflage ist 888 Seiten stark. 2006 erschien einmal eine Fassung für Deutschland, die leider keine Neuauflage erfuhr.

Real Ale bezeichnet nun nicht eine weitere Variante unseres Ales, sondern bezieht sich auf den Umgang mit dem Trunk. Real Ale braut man aus traditionellen Zutaten, wobei auf Filtration verzichtet und

Die Jagd nach Rekorden im Bierbereich, vor allem bei Alkoholgehalt und IBU, nimmt zuweilen merkwürdige Formen an. 2010 brachte Brew Dog das End of History mit 55% Alc. auf den Markt und bezeichnete es als das stärkste, teuerste und schockierendste Bier der Welt. Fraglich, ob die Geschichte ein solch alkoholisches Bier wirklich braucht, das zudem in einem ausgestopften Tier serviert wird. Lediglich 12 Flaschen wurden produziert und zum Preis von jeweils 765 Dollar verkauft

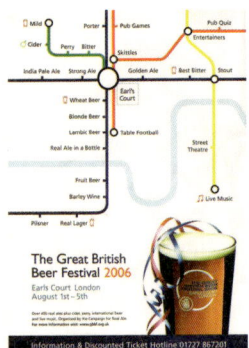

das Getränk naturtrüb belassen werden soll. Die Kohlensäure erhält es durch eine zweite Gärung im Fass, aus dem der Wirt es später mit der Handpumpe und Luftdruck zapft. Mit dieser Technik wäre es dann ein Cask Ale, im Gegensatz zu einem Keg Ale, einem Fass, welches mit der modernen Stickstoff- oder Kohlensäurezapfung betrieben wird. Trinktemperaturen und die Nähe zwischen Pub und Brauerei wären weitere Faktoren, mit denen sich CAMRA beschäftigt, ebenso arbeiten die Mitglieder für den Erhalt historischer Schankstuben und Gasthäuser.

In der ersten Augustwoche organisiert CAMRA das Great British Beer Festival (GBBF) in London, auf dem die Besucher 450 britische und mehrere Hundert ausländische Biere probieren, Verkostungen besuchen und Vorträgen lauschen. Die Verleihung der Auszeichnung als Champion Beer of Britain bildet einen weiteren Höhepunkt.

Irland

Alma Hulmes gab mit 84 das Rauchen auf und erreichte das stolze Alter von 114 Jahren. Befragt nach dem Geheimnis, erklärte sie ihr stetes Wohlbefinden mit dem täglichen Genuss eines Glases Guinness. Ein klarer Fall für das Buch der Rekorde jener Braustätte, die zum nationalen Symbol der Iren avancierte. 1759 unterzeichnete Arthur Guinness einen Pachtvertrag für ein Brauereigelände mit einer Laufzeit von unglaublichen 9.000 Jahren und begann dort mit bescheidenen Mitteln auf 1,5 Hektar mit der Herstellung von Porter und Ale. Das Familienunternehmen wuchs, und besonders die dunklen Biere erfreuten sich internationaler Beliebtheit, als sie seit 1811 in Lissabon und seit 1840 in den USA ausgeschenkt wurden. Seit 1862 zieren die berühmte Harfe und die Unterschrift des Firmengründers das Logo der Marke. Aus dem Stout Porter, dem kräftigen Porter, war zu diesem Zeitpunkt der Porter-Begriff bereits entfallen und Stout wurde zum Synonym für dieses typische obergärige Gebräu mit seiner dunklen Farbe, der festen und cremigen Schaumkrone und den typischen Röstaromen. Die Firma entwickelte sich zum Vorreiter erfolgreicher Werbekampagnen. 1910 hing der New Yorker Broadway voller spektakulärer Webeplakate der Marke. 1929 kam der Slogan „Guinness is good for you" („Guiness ist gut für dich") hinzu, und der Zeichner John Gilroy entwarf einen kompletten Zoo an Figuren und Tieren, deren Zoowärter rief: „My goodness, my Guinness!"

Die brillanten Werbeideen des Unternehmens sind im Besucherzentrum, dem Storehouse in Dublin zu bestaunen, wo der unterhaltsa-

me Gang durch Brau- und Firmenge-
schichte mit einem frischen Pint in der
Gravity-Bar mit großartiger Aussicht
über die Stadt abgeschlossen wird.
Ein neuer Anlass, um zum festlichen
Klirren der Gläser zu animieren, ist stets
willkommen, und so rief das Unternehmen 2009 den Arthur´s Day aus, um
den Firmengründer jeden September
zu ehren. Am 17. März kommen die
Freunde der irischen Köstlichkeiten
schon seit vielen Jahren zusammen,
denn der St. Patrick´s Day ehrt nicht nur
den Nationalheiligen der Iren mit Got-
tesdiensten und Paraden, sondern hat
sich als gelungener Anlass entpuppt,
um ein bierseliges Spektakel mit grüner
Farbgebung in den Irish Pubs rings um
den Erdball zu veranstalten.

Zu diesem Anlass dürfen auch die anderen Tropfen der grünen Insel
in den Ausschank kommen: Beamish aus Cork – von einem 1792
gegründeten Unternehmen – mit der ausgeprägten Schokoladen-
note oder Murphy´s, ebenfalls aus Cork, mit dezenten Toastaromen.
Murphy´s produziert auch ein leichtes Red Ale, einen Biertyp, milder
als sein Stout, der seine rötliche Färbung über einen Anteil an
gerösteter Gerste erhält. Bekanntester Vertreter dieser Gattung ist
sicherlich Kilkenny, das in Irland selbst Smithwick´s heißt und aus
der ältesten Brauerei des Landes stammt, die 1710 als St. Francis
Abbey Brewery eröffnete, errichtet auf den Fundamenten eines
alten Franziskanerklosters.

Belgien und die Niederlande

Ein Kloster scheint in der Geschichte stets ein guter Ort für Brauqua-
lität gewesen zu sein, so auch in Belgien. Für zahllose Bierliebhaber
gilt das Land der 1.001 Biersorten als Hort jeglicher Gerstenglück-
seligkeit. In den Lokalen, genannt Bier-Cafés, gehört es zum guten
Ton, dass jedes Bier in seinem individuellen Glas gereicht wird. Das
markante, einer Sanduhr nicht unähnliche hohe Glas im Holzge-
rüst für Kwak ist eines der eindrucksvollsten Beispiele. Sind gerade
alle Gläser in Benutzung, wird das Bier streng verweigert, bis das
richtige Behältnis wieder zur Verfügung steht. Beinahe selbstver-

ständlich reichen die Wirte Käse zum Bier und beweisen, was für eine vortreffliche Genussgemeinschaft diese beiden Köstlichkeiten miteinander eingehen.

Umstritten ist, inwieweit das Vandervelde-Gesetz von 1919 für die belgische Bierentwicklung verantwortlich zeichnet. Der Sozialdemokrat Émile Vandervelde setzte eine Prohibition belgischer Prägung durch, die den Ausschank hochprozentiger Spirituosen verbot, was Bierhersteller dazu bewog, höherprozentige Biere zu brauen. Das Gesetz galt bis 1983.

Zum Kwak Bier gehört noch heute das klassische Kutscherglas, das an eine besondere Haltevorrichtung am Kutschbock erinnert

Kloster- und Abteibiere sind uns bereits mehrfach begegnet. Die Besonderheiten der Trappistenbiere müssen dagegen noch herausgestellt werden. Nur sieben Biere weltweit dürfen den Namen Trappist tragen: Achel, Chimay, Orval, Rochefort, Westvleteren, Westmalle aus Belgien und La Trappe aus den Niederlanden. Strenge Kriterien gelten für diese Biere, die im Kontext des klösterlichen Lebens gebraut werden müssen. Unter der Aufsicht der Mönche muss das Bier innerhalb der Mauern der jeweiligen Trappistenabtei verarbeitet werden. Der Erlös deckt den Lebensunterhalt der Mönche und dient dem Nutzen der Abtei und darf keiner profitorientierten Kalkulation unterliegen. Überschüssige Gewinneinnahmen gehen an soziale Projekte und hilfsbedürftige Menschen. Die Biere sind allesamt obergärig und flaschengereift. Der Würze wird wiederholt Zucker zugesetzt, wodurch die Biere einen hohen Alkoholgehalt bekommen, der geschmacklich jedoch nicht so hervortritt wie bei anderen Starkbieren. Die somit auch in der Fastenzeit nahrhaften Trappistenbiere sind leichter im Geschmack, dadurch umso gefährlicher in ihrer alkoholischen Wirkung. Die Bezeichnungen Singel, Dubbel und Tripel geben Auskunft über die Stufe des Alkoholgehalts. Ein besonderer Warmreifevorgang in auf 25 °C klimatisierten Räumen verleiht dem Getränk eine besondere

Haltbarkeit von mindestens fünf Jahren. Kenner schwärmen von den noch länger aufbewahrten Flaschen und den gereiften Aromen, die zutage treten. Einem Trappisten darf beim Genuss eine etwas höhere Temperatur von um die 12 °C gegönnt werden, damit die komplexen Nuancen besser zur Entfaltung kommen. Breite, schalenartige Trinkgefäße unterstützen dies und bändigen zudem den reichlichen Schaum, der sich beim Ausschenken Raum verschafft.

Besonders westlich der Hauptstadt Brüssel finden wir eine weitere Spezialität im Pajottenland. Im Tal des Flüsschens Senne herrschen einmalige klimatische Bedingungen für das Gedeihen von wilden Hefen, mit denen das Lambic-Bier erzeugt wird. Die in der Luft schwebenden Mikroorganismen sorgen für die Spontangärung des unbedeckt auf den Dachböden der Brauereien gelagerten weizenhaltigen Brausudes, allerdings nur in den kühlen Jahreszeiten zwischen November und März. Das Bier entwickelt eine säuerlichsüße Aromatik mit oft trockenem Abgang und wenig Kohlensäure. Ein bis über drei Jahre Lagerung, meist in alten Eichenfässern, lassen das Produkt reifen.

Eine Variante von Lambic kommt als Gueuze in den Handel (Begriff und Bier erinnern nicht zufällig an die Gose beispielsweise aus dem Raum Leipzig, oder auch an die Berliner Weiße). Für die Gueuze (in Belgien auch manchmal Geuze) vermengt der Brauer ein gereiftes Lambic mit einem jungen, das noch nicht ausgereift ist, in dem die Hefen noch arbeiten, wie beispielsweise in einem Champagner. Ähnlich prickelnd bietet sich das Geschmackserlebnis auf der Zunge. Der Lambic-Stil bildet sehr oft die Grundlage für die bekannten belgischen Fruchtbiere, bei denen traditionell frische Früchte (und keine künstlichen Aromastoffe!) mit vergoren werden. Die ursprünglichste Machart verwendet Kirschen, was dann als Kriek auf der Flasche ausgewiesen steht. Beinahe vergessen, heute jedoch vor allem in Brüssel wieder populär, ist das Faro, ein Bier, für das ebenfalls verschiedene Lambics vermengt und mit Gewürzen, gerne Pfeffer und Koriander, Orangenschalen und Kandiszucker angereichert werden.

Von den sieben Trappistenbieren stammen sechs aus Belgien. Nur La Trappe kommt aus den Niederlanden

Das Witbier, auch Bière Blanche genannt, vermag gleichfalls zu betören. Dem deutschen Weißbier nicht unähnlich, geht die Färbung selten in dessen volle, orange Tönung, sondern tendiert eher zu Weiß. Hocharomatisch, gelegentlich gar mit Gewürzen angereichert, bietet es eine faszinierende Variante der Weizenbierpalette.

Die Belgier, vor allem die Wallonen, schätzen wieder zunehmend Saisonbiere, die historisch im Winter gebraut wurden, um im Sommer die Feldarbeiter zu stärken. Auch stößt man in der Beschäftigung mit belgischen Bieren immer wieder auf die Begrifflichkeit Ale, im englischen Sprachraum oft als Synonym für Bier verwendet. Als Belgisches Ale, auch Amber oder Spéciale, kommt ein bernsteinfarbenes Bier aus der Flasche (oder diesmal auch und vielleicht besser aus dem Hahn), um intensive Noten von Karamell und Malz zu verströmen. Dem Vorbild, einem britischen Pale Ale, ist es nicht unähnlich. Als typische Vertreter dieser Gattung wären Palm oder De Konick zu nennen.

Die Vielfalt der Biere in Belgien beeindruckt jedes Jahr aufs Neue und bewirkt manchmal Genuss und Faszination, andere Male Fremdartigkeit und Irritation. Unbedingt sollte der neugierige Bierfreund einen sorgsamen Blick auf das Etikett oder die Informationen in der Getränkekarte werfen, um, zumal bei harmlos aussehenden blonden Bieren, die Alkoholschwere zu registrieren. Das bekannte Duvel trägt seinen Namen zu Recht, seit bei einer Probierrunde der Brauerei für die örtlichen Würdenträger im Jahre 1923 der Schuhmacher Van De Wouwer ausrief: „Das ist ein wahrer Duvel!" (also Teufel), was fortan zum Markenbegriff avancierte für das klare, helle Bier, hinter dessen unschuldigem Erscheinungsbild sich beachtliche 8,5 Vol.-Prozent Alkohol verbergen. Teuflisch oder nicht, glücklicherweise warnen uns weitere Biere im Namen, dass sich Kraftvolles und Ungewöhnliches in ihnen verbirgt: So verrät Lucifer im Namen seine Verwandtschaft mit dem Duvel genau wie De Block Satan Gold aus Brabant; Delirium Tremens in den Steingutflaschen mit dem rosa Elefanten warnt vor Folgen der Alkoholsucht; Judas erhält eine zweite Gärung, bevor es mit 8,5 Vol.-Prozent aus den Lagerkellern steigt; und der goldene Drache, Gulden Draak, erreicht bei der Nachgärung in der nichtdurchsichtigen weißen Glasflasche stolze 10,5 Prozent. Ein Gegenstück zu den zahlreichen Kloster- und Abteibieren?

Fast möchte man über all den Spezialitäten den belgischen Marktführer vernachlässigen. Als Lagerbier von internationalem Zuschnitt, im untergärigen Pilsener Stil gefertigt, begegnet Reisenden weltweit ein Bier, welches ursprünglich als Weihnachtsbier gebraut wurde. Der Erfolg war immens, ein neuer Stern am Bierfirmament schien geboren und fand Einzug unter dem Namen Stella Artois.

Die Niederlande können mit La Trappe eine der oben beschriebenen, erlesenen Trappistenbrauereien vorweisen. Doch es ist die 1864 gegründete Brauerei Heineken, einer der Weltmarktgiganten, die auch 50 Prozent des niederländischen Marktes mit ca. sechzig Brauereien dominiert. Die nach dem südholländischen Fluss benannte Marke Amstel, welche in 75 Ländern verkauft wird, gehört ebenfalls zu dem Unternehmen.

Die Pilsener Biere des größten unabhängigen Erzeugers dürfen wir in Deutschland gleichfalls an zahlreichen Orten genießen und erkennen oft die markanten Flaschen mit Bügelverschluss und ohne Etikett wieder, für die das Grolsch bekannt ist. Seit 1980 bringt die Vereniging Promotie Informatie Traditioneel Bier (PINT), die Vereinigung für die Förderung von und Information zu Traditionellem Bier, Bewegung in die Bierszene der Niederlande und setzt sich vorbildlich für gepflegte Trinkkultur rings um unser Produkt ein, um dem Einerlei der Großindustrie mehr Individualität entgegenzusetzen.

Der Mittelmeerraum

In Südeuropa dominiert der Weingenuss. Wer möchte dies den Einheimischen verdenken? Selbstverständlich ist aber auch dort das Bier nicht wegzudenken und als erfrischender Aperitif willkommen. In Frankreich bestellt man gerne une pression, ein frisch gezapftes Bier vom Hahn. Von seinen Fans nur Kro genannt, beherrscht das Kronenbourg den französischen Markt mit einem Marktanteil von 40 Prozent. Die Jahreszahl 1664 auf den Flaschen verweist auf das Datum, als der Straßburger Jérôme Hatt – in den schriftlichen Quellen meist bei seinem lateinischen Namen Geronimus genannt – im Stadtteil Cronenbourg in seiner Heimatstatt eine Brauerei eröffnete. In Südfrankreich finden wir nur wenige Brauereien. Im deutschlandnahen Elsass, wo auch ein eigener Hopfen kultiviert wird, spielt unser Getränk eine nicht unwesentliche Rolle, gerne auch in experimentellen Varianten wie dem Adelscott der bekannten Brauerei Fischer. Dieses Rauchbier wurde mit der Aromatik torfgeräucherten Whiskymalzes versehen, die unter einer opulenten und zart-rauchigen Süße ein klein wenig zum Vorschein kommt. Allerdings wurden auch schon Verkostungsnotizen vernommen wie: „Da ist wohl der Lehrling mit seiner Red-Bull-Dose in den Braubottich gefallen." Die Brasserie

Fischer experimentierte bereits mit ähnlichen Kombinationen, als sie Bier mit Tequila für ihr Desperados vermengte oder mit Wodka für Kriska, Produkte, die wohl eher auf die Kundschaft von fragwürdigen Alkopops abzielten. Seit einigen Jahren kommt Bier im Norden, in der Region um Lille, wieder groß in Mode. Alte Brautraditionen und -stile werden wiederentdeckt und die Nähe zu Belgien und auch zu England mag diesen Trend befördert haben. Die Bezeichnung Bière de Garde begegnet dem Besucher der Region dort immer öfter. Der historische Begriff dieses Lagerbiers erinnert an die vorindustrielle Ära, als das Bier im Winter gebraut werden und bis in den Sommer hinein lagern bzw. halten musste. Diese kräftigen Biere ähneln dem roten belgischen Ale-Stil.

Zurück zum Kronenbourg: Wie bei so vielen aktuellen Bieren handelt es sich dabei um den weit verbreiteten Stil des leichten untergärigen Bieres, angesiedelt zwischen einem bayerischen Hellen und der Pilsener Brauart, wobei der Massengeschmack immer weniger Bitteraromen wünscht, was dann oft ein zwar erfrischendes, aber aromatisch recht neutrales, bislang langweiliges Gebräu bedeutet. Für den internationalen Erfolg dieses Typus stehen Produkte wie Heineken, Stella Artois oder Beck's und zahlreiche Produkte des Mittelmeerraumes folgen diesem Trend. Wenn also auch nicht alle Varianten gleich als Spitzenerzeugnisse der Braukunst bezeichnet werden können, bereitet es natürlich doch Freude, den letzten Urlaub in den internationalen Restaurants der Heimat nachklingen zu lassen mit den Bieren der Reiseerinnerungen. Und so findet man auch Geschmack an dem Bier aus dem Hause Estrella Damm in Barcelona, gegründet 1867 vom Exil-Elsässer August Kuentzmann-Damm, oder das ebenfalls aus dem spanischen Katalonien stammende San Miguel (über den Namensvetter von den Philippinen wird später noch zu lesen sein). Das andalusische Cruzcampo komplettiert die großen Drei aus Spanien. Die Feinschmeckersparte füllt seit 2004 die Marke Moritz mit Firmensitz, Brauereimuseum und Verkostungsbar in Barcelona. Das ursprünglich 1856 von dem ebenfalls elsässischen Auswanderer Louis Moritz Trautmann gegründete Unternehmen stellte 1978 die Produktion ein. Vor wenigen Jahren beschlossen einige seiner Nachfahren jedoch, das Bier wiederzubeleben, und tasteten sich zaghaft in den Markt. Ein köstliches Premiumbier, das man unbedingt einmal probieren sollte.

Weitere bierige Urlaubserinnerungen vermittelt Efes Pilsen aus der Türkei, das auch in Osteuropa sehr erfolgreich ausgeschenkt wird, was die Homepage www.efespilsener.com beweist, die ausschließlich in kyrillischen Schriftzeichen kommuniziert. In Griechenland löschen Mythos und Alfa den touristischen Durst. 2009 erfuhr die stillgelegte Marke der deutschen Einwandererfamilie von Karl Johann Fuchs (nun: Karolos Ioannou Fix) von 1864 eine Wiedergeburt: Fix Hellas.

Ein Geheimtipp sei noch von der Insel Malta verraten, wo unter dem Namen Simonds Farsons Cisk Biere entstehen, die ständig internationale Preise absahnen. Das Cisk Lager besticht seit 1928 mit einer vortrefflichen Hopfenbitternote und auch das Farsons Lacto Milk Stout, dem nach der Gärung Laktose zugefügt wird, ist ein besonderer Genuss aus dem wunderschönen Jugendstilbraugebäude.

Werfen wir abschließend einen Blick nach Italien, dem Land mit Schlusslicht im Prokopfverbrauch, wie eingangs berichtet. So mancher deutsche Bierbauch gluckst verächtlich bei dem Gedanken an teilweise unspektakuläre Produkte von dort wie Peroni oder Moretti. Doch der zweite Blick lässt die Ahnung aufkommen, dass gerade die Italiener das Motto vorleben, welches uns der wichtigste Bierexperte der jüngsten Vergangenheit, Michael Jackson, mit auf den Weg gab: „Drink less, but better!" Dieser Aufruf, lieber weniger und stattdessen besser zu konsumieren, verbindet sich besonders in Italien mit den Ideen der Slow-Food-Bewegung, die Carlo Petrini 1986 ins Leben rief mit dem Ziel, mehr Aufmerksamkeit für regionale Produkte mit bewusstem Genuss zu verbinden. Eigene Slow-Beer-Veranstaltungen haben sich innerhalb der Vereinigung in den letzten Jahren auch in Deutschland, vor allem in Franken, etabliert.

Eine Handvoll Pioniere sagte sich vor einigen Jahren, dass anspruchsvolle Weintrinker, die hochwertige Getränke

zu schätzen wissen, bestimmt ebenfalls für ein hochwertiges Erzeugnis der Braukunst offen seien. Allen voran wagte Teo Musso diesen Gedanken. In Piozzo, mitten im siebten Weinhimmel des Piemonts, eröffnete er 1986 sein Lokal Birreria Baladin und schenkte 200 Biersorten zu Livemusik aus. Erfolg stellte sich ein und seine Philosophie fand Nachahmer, besonders nachdem er in den 1990er Jahre in Belgien selbst die Braukunst erlernte und 1996 anfing Bier zu brauen. Als Markennamen wählte er den Troubadour: Le Baladin, für den er Flaschen und Etiketten selbst gestaltet. Bei den Bieren ist oft die belgische Prägung offensichtlich. Mit seinem ersten Bier erweckte Musso nicht nur auf dem Great British Beer Festival Aufsehen, wo es prämiert wurde und seinem Namen alle Ehre machte: Le Baladin Super, nach dem Vorbild belgischer Klosterbiere als Dubbel gebraut, mit intensiven blumig-fruchtigen Noten und einem ausgewogenen Bitterton als i-Tüpfelchen. Ein besonderer Mann, irgendwo zwischen Visionär, Genie und Nervensäge (Letzteres bekennt er selbst). Mittlerweile betreibt er mehrere Biergaststätten und erobert Städte wie Rom und New York mit seinen Erzeugnissen und Experimenten. Höchstpersönlich machte er Schluss mit der Tradition, dass in Italien kein Hopfen angebaut wird, und arbeitet nun mit den ersten Ernteergebnissen. An die 300 Mikrobrauereien hat Italien mittlerweile vorzuweisen. Einige haben sich bereits in Expertenkreisen einen guten Namen gemacht, wie 32 Via dei Birrai aus Venetien, Turbacci in Rom und Babb aus der Lombardei.

Der Verband der Diplom Biersommeliers entwickelte ein spezielles Glas für Verkostungen. In dem zylindrischen Stiel ist die Bierfarbe besonders optimal bestimmbar

linke Seite:
Die ungewöhnlichen Biere von Teo Musso werden in Deutschland von Braufactum vertrieben. Das Unternehmen für feine Bierkultur gehört zur Radeberger Gruppe und prüft, ob der deutsche Mark schon reif ist für komplexe Premium Biere. Besonderen Wert legt man dabei auf die Kühlkette, da Temperaturschwankungen ein Bier sehr ungünstig beeinflussen können.
Für Braufactum entwickelte Teo Musso ein spezielles Verkostungsglas mit Stiel und kantiger Lippe, das an ein Weinglas erinnert. Tatsächlich ist dieses Glas ideal für den Biergenuss, da Farbe, Duft und Geschmack dabei perfekt zur Geltung kommen

Teo Mussos Baladin-Biere stellt in Deutschland neuerdings Braufactum zur Verfügung, das ihn zusätzlich dafür gewinnen konnte, exklusive Innovationen für die Marke zu kreieren. Zudem stellte er Braufactum sein Glasdesign zur Verfügung, das eher einem bauchigen Weinglas entspricht mit seinem Stiel und der Lippe über dem verschlankten Hals. Auch der Biernovize wird mit diesem Glas automatisch zunächst am Bier riechen und es insgesamt mit allen Sinnen gleichrangig behandeln, eben wie einen hervorragenden Wein.

Exkurs: Der Weltmarkt
Lokales Produkt, globale Vermarktung

Eine bemerkenswerte Diskrepanz herrscht zuweilen auf dem Marktplatz der Reklame. Zunehmend beschwört die Nahrungsmittelindustrie das Bild des regionalen Produktes mit seinen heimischen Zutaten, Landschaften und weiteren lokalen Attributen, während das jeweilige Bier oft überregional oder gar international vertrieben wird. Besonders beim Bier tritt zudem der Kontrast hervor zwischen den kleinen inhabergeführten Hausbrauereien und Craft Breweries auf der einen Seite und auf der anderen Seite Biermarken, die weltweit unter dem Dach großer Getränkekonzerne antreten, um den Wettbewerb um Marktanteile auf größter Ebene auszufechten.

Die größte Brauereigruppe, Anheuser-Busch InBev (AB-InBev), produziert jährlich ca. 360 Millionen Hektoliter Bier und erzeugt damit knapp 20 Prozent allen Bieres weltweit. Das Marken-Portfolio umfasst dabei drei Segmente: globale Marken, die weltweit vermarktet werden und einen internationalen Biergeschmack widerspiegeln, zweitens Spezialitäten, die auf mehreren internationalen Märkten platziert werden, und drittens lokale Biere, die vor allem auf ihren heimischen Märkten eine Rolle spielen. 200 Biermarken bilden diese drei Säulen bei AB-InBev.

Die großen Drei des Bierhandels: AB-InBev, SAB-Miller und Heineken

Wer kennt nicht die Marken Beck´s, Stella Artois und Budweiser (das amerikanische!), die weltweit verfügbar sind? Als nationale Spezialitäten mit internationalem Ruf kommen die belgischen Marken Leffe und Hoegaarden hinzu. Die Hauptsäule des Geschäfts und somit den Großteil der Sorten machen immer noch die Biere aus, die vornehmlich auf dem Markt ihrer jeweiligen Heimat konkurrieren. In Deutschland wären das Marken wie Franziskaner Weissbier, Hasseröder, Diebels, Gilde, Haake-Beck, Löwenbräu und Spaten. Hauptsächlich für den amerikanischen Markt produziert die Gruppe zudem ein Bier namens St. Pauli Girl. Die blonde Frau im Dirndl auf dem Flaschenetikett mag nicht so recht zu der alten Brauerei aus Bremen (wohlgemerkt nicht Hamburg) passen, aber viele Sorten sollen nun einmal den exotischen Charakter des Fremden suggerieren, wenn man sie beispielsweise in internationalen Spezialitätenrestaurants dem Gast als Bier des jeweiligen Landes offeriert. Und die „feinen" Unterschiede zwischen Norddeutschland und Bayern verschwimmen da leicht vor dem Auge der ganz andere Dimensionen gewöhnten Amerikaner.

Gerade einmal halb so viel Ausstoß und Marken besitzt der zweitgrößte Brauereikonzern, die SAB-Miller Gruppe, die 2002 entstand, als die South African Breweries und die Miller Brewing Company fusionierten. 174 Millionen Hektoliter bedeuten 9,5 Prozent des weltweiten Biermarktes, den die Gruppe mit Sorten versorgt wie Miller, Grolsch, Pilsner Urquell, Tyskie oder Peroni. Knapp dahinter folgt auf Platz drei die Heineken Gruppe mit 159 Millionen Hektolitern jährlich, zu deren über 200 vermarkteten Bieren beispielsweise Foster´s, Kingfisher, Gösser, Zipfer, Tiger Beer, Newcastle Brown Ale, Strongbow, Amstel, Heineken, Dos Equis, Sol, Paulaner, Kulmbacher oder Mönchshof zählen.

Kritiker dieser Globalisierung fürchten um die Biervielfalt, wenn die Fusionen und Brauereikäufe oft von Schließungen einzelner Braustandorte und dem Verschwinden traditioneller Marken begleitet werden. Für viele ein triftiger Grund, sich gerade aus den Krügen und Flaschen der einheimischen Hausbrauereien einen individuellen und lokalen Schluck zu genehmigen.

Biere der Welt Zwischen den Weltmeeren und über die Kontinente

Sorghum ist das wichtigste Brotgetreide in Afrika. Auch Bier lässt sich daraus brauen. Es eignet sich besonders für die Herstellung von glutenfreien Bieren

Von Europa in die Welt. Die neuen Verfahren und Erkenntnisse der Braukunst gingen auf Reisen und fanden Verbreitung. Manche erreichten durch friedliche Wanderungen ihr Ziel, andere folgten konquistadorischen Expeditionen. Die fragwürdige Epoche der Kolonialisierung begleitet oftmals die Genussgeschichte, da die fremden Eroberer ihre heimischen Erzeugnisse mitführten. Die Eroberer waren selten willkommen, die Produkte durften gerne bleiben und auch die friedlichen Traditionen und Techniken, die so auf alle Kontinente kamen. Daher darf es nicht überraschen, wenn wir Brautraditionen und Biersorten wiederfinden, wie wir sie bereits in Europa kennengelernt haben. Aus diesem Grund konzentrieren wir uns in diesem Kapitel auf regionale Besonderheiten und aktuelle Entwicklungen.

Die Geschichte des Bieres ist eng mit Afrika, besonders mit Ägypten verknüpft, wie im historischen Kapitel zu erfahren ist. Einfache Lagerbiere ergänzen meist das Angebot der traditionell hier verbreiteten bierähnlichen Getränke wie Kaffir oder Dolo aus Sorghum oder Hirse. Die unterschiedlichsten Getreidesorten wie Mais, Emmer, Hirse oder Sorghum bilden die Grundlage für die örtlichen Biere, weil Gerste unter den klimatischen Bedingungen Afrikas nicht gedeihen mag. Nur Kenia und Südafrika bilden Ausnahmen. Das Tusker Lager darf getrost als Ausdruck kenianischen Nationalstolzes bezeichnet werden: „Mein Land – mein Bier" steht auf den Flaschen zu lesen. In Südafrika waren es vor allem niederländische und britische Einwanderer und deren Biertraditionen, die dafür sorgten, dass das Land heute die größte Biervielfalt des Kontinents aufweist. Sogar erste Micro Breweries versuchen dort ihr Glück, da das Land zugleich auch den höchsten Bierkonsum des Kontinents erzielt. Als 1895 die South African Breweries (SAB) das Licht der Welt erblickten und mit dem heute noch hergestellten Castle Lager einen prächtigen Erfolg landeten, konnte niemand ahnen, dass aus dem Unternehmen nach der Fusion mit Miller im Jahre 2002 der weltgrößte Brauereikonzern werden würde, der als SAB-Miller die Märkte auf dem ganzen Erdball beeinflusst.

Tatsächlich erzielen die großen Global Player mit Bieren wie Heineken, Carlsberg oder Guinness den höchsten Umsatz in Afrika.

Auf ein Erbe der deutschen Kolonisatoren kann man in Namibia treffen, wo mit Windhoek Lager ein Klassiker nach deutschem Reinheitsgebot in die Flaschen kommt. Sogar ein Urbock findet Liebhaber.

In Deutschland recht häufig zu bekommen ist das mit Palmen-, Mango- oder Bananenfruchtnoten versetzte Dju Dju aus Ghana. Die Werbung verspricht zudem eine Anreicherung mit einer Portion Voodoo. Auf den hübschen Etiketten reicht die Dju-Dju-Jungfrau das Bier in Kalebassen, den traditionellen, aus Kürbissen hergestellten Schalen.

In Asien verzichten viele muslimisch geprägte Länder ganz auf Bier. In Israel kommt dem Aspekt des Koscheren eine große Bedeutung zu. Der größte Brauereikonzern heißt Tempo und fertigt die Sorten Maccabee und Goldstar, welches die wichtige Koscher-Zertifizierung erhielt. Der Export spielt für das Unternehmen eine besondere Rolle, da es etliche jüdische Gemeinden außerhalb Israels beliefert.

Jede zweite in Indien verkaufte Flasche Bier kommt aus dem Hause Kingfisher. 14 Sorten bilden die Bandbreite des United-Breweries-Limited-Konzerns, der nebenbei noch seit 2005 Indiens größte Airline betreibt, die gleichfalls Kingfisher heißt. 1857 begann die Unternehmensgeschichte, als sich fünf kleine Brauereien im Süden des Landes als United Breweries zusammenschlossen und die britischen Soldaten versorgten.

Mit dem Produkt füllten Arbeiter der Brauerei Shepherd Neame in Kent 1993 die größte Bierflasche der Welt. Nach 13 Minuten waren 625,5 Liter Kingfisher-Bier in das Behältnis geflossen, das mit einer Höhe von 2,54 Metern und einem Umfang von 2,17 Metern natürlich ein erhebliches Fassungsvermögen hat.

Auch China ist bierdurstig geworden, was zu einem Anstieg der Hopfenpreise führte. Hierzulande allgegenwärtig ist das Tsingtao-Bier aus dem Gebiet von Kiautschou im Reich der Mitte, das 1898 an

das kaiserliche Deutschland verpachtet wurde. 1903 eröffneten dort Einwanderer aus Deutschland mit dem Know-how der Heimat die Germania-Brauerei. Heute löscht die Brauerei 15 Prozent des chinesischen Bierdurstes und erreicht in chinesischen Restaurants weltweit eine internationale Zielgruppe. Ein Besuch von Qingdao, wie der Ort heute heißt, lohnt wegen des größten Bierfestes des Kontinents, aber auch wegen der seltsam deplatziert wirkenden Fachwerkhäuser mitteleuropäischer Prägung in der Altstadt.

Der Eingang zur Tsing Tao Brauerei, die auf deutsche Kolonisten zurückzuführen ist

Erfrischende Lager-Biere auch aus anderen fernöstlichen Regionen fanden den Weg nach Deutschland. Biere wie Tiger aus Singapur oder Singha aus Thailand können in vielen Asiamärkten erstanden werden.

Wir folgen den Handelsrouten der niederländischen Seefahrt in den Pazifischen Ozean. Dort ist eigentlich der Sake beheimatet, ebenfalls im Brauverfahren hergestellt, aber mit weniger Verbreitung in Deutschland. Hochwertige Biere aus Japan gehören bei uns jedenfalls verpflichtend auf die Speisekarte von Sushirestaurants. Ein neugieriger Blick auf die Rückenetiketten der Flaschen offenbart den überraschenden Braustandort, der meist fern des Landes der aufgehenden Sonne liegt. So entsteht Kirin beispielsweise in Weihenstephan. Asahi und Sapporo wären weitere bekannte Marken. Ungewöhnlicher sind die Biere der Kiuchi-Brauerei aus Ibaraki, die mit ihrem Hitachino Nest White Ale die spannende fernöstliche Version eines Weizenbieres präsentiert, die zu verkosten lohnt, genau wie ihre Biere mit Reis. Erst 1994 lockerte die Regierung die Gesetze, die den Erwerb einer Braulizenz regelten, und senkte die vorgeschriebene Herstellungsmenge. Kleinere Brauereien konnten sich seither etablieren und es herrscht interessante Bewegung auf dem Biermarkt des Inselstaates. Besonders die

Porter- und Stoutsorten beeindrucken die internationale Fachwelt. Swan Lake Porter und Minoh Imperial Stout erzielen Höchstbewertungen bei Verkostungen weltweit.

Auf den Philippinen begegnen wir der Marke San Miguel von 1890, die uns bereits aus Spanien bekannt vorkommt. Spanische Einwanderer gründeten die Brauerei auf dem Inselstaat, die heute als größter Getränkehersteller in Südostasien agiert. Die Popularität des Bieres bringt es unter die zehn meistverkauften Biere weltweit.
1953 trennte das Unternehmen in Manila sich vom spanischen Markt, so dass San Miguel dort als eigenständige und erfolgreiche Marke entstand.

In Australien erwarten uns erneut britische Traditionen. Im Land selber spielt das Foster´s nur eine untergeordnete Rolle, was überrascht, wird dieses Bier doch ansonsten als australisches Pflichtgetränk angepriesen. Zwei irischstämmige Brüder namens William und Ralph Foster aus New York gründeten nach ihrer Ankunft in Melbourne diese Brauerei. Sie führten moderne Kühltechnologie ein, die es ermöglichte, auch unter den klimatisch schwierigen Bedingungen Australiens Bier europäischer Qualität zu produzieren. Der Schauspieler Paul Hogan, der in der Rolle des Crocodile Dundee zum Vorzeige-Australier wurde, erklärte in einem Werbespot den Geschmack von Foster´s Bier als „… wenn ein Engel auf Deiner Zunge weint" .
Neben einer verlockenden Vielfalt an Micro bzw. Craft Breweries schwören die Aussies auf die bewährten Brauprodukte von Castlemaine XXXX aus Brisbane, Victoria Bitter (VB), das mehr ein Lager denn ein Bitter ist, auf Tooheys, dessen irische Wurzeln in das Jahr 1869 zurückreichen und das in New South Wales in keiner Kneipe fehlt, genau wie das Carlton Draught.

Neuseeland vermag ein feines Pilsener dagegenzusetzen und schickt das Steinlager in die Welt. Auch in die Welt des Sports, wie das engagierte Sponsoring der Marke beweist, die die Einheimischen liebevoll „Steinie" nennen. Die Westküste schwört auf Monteith´s, das Mitte der 1830er Jahre infolge eines Goldrausches in Hokitika entstand und 1868 als Phoenix Brewery aus der Asche

Begehrtes Weizenbier in Nordamerika: Das kanadische Blanche de Chambly folgt der europäischen Witbier-Tradition

stieg. Neuseeland verfügt über eine wundervolle Trinkkultur der Gleichberechtigung zwischen Bier und Wein. Hervorragende Sauvignon Blancs und Pinot Noirs wachsen im Norden der Südinsel, aber überall im Land verfügt jedes mittlere Kaff über ein vernünftiges lokales Bier. Nur Bohnenkaffee ist Mangelware, wie jeder Rundreisende zu berichten weiß.

In Kanada findet der Bierreisende Einflüsse aus England, Frankreich und Deutschland vor, je nach Siedlungsgebiet der Einwanderer. In Montreal kann man beispielsweise amerikanisch frühstücken, Pastrami-Sandwich zum Mittag verspeisen, danach in einen englischen Pub einkehren, um abends französisch zu dinieren. In den Namen der Biere spiegelt sich diese Mischung gut wider: Da gibt es ein dunkles Ale von Molson Rickard´s Red, ein Stout von McAuslan, ein Lager von Brick Red Baron, ein Amsterdam Nut Brown Ale, ein Weizenbier von Unibroue Blanche de Chambly oder ein Boréale Rousse Ale aus Quebec.

Die derzeit aufregendste Station auf einer Reise durch die Bierwelt kann der Passagier in den USA einlegen. Wie gern runzelt der deutsche Reinheitsgebotverfechter die Stirn, wenn die Sprache auf amerikanischen Gerstensaft kommt – eine völlig veraltete Haltung! 1978 unterzeichnete Präsident Jimmy Carter ein Gesetz, das kurz zuvor vom Kongress abgesegnet worden war, welches das Verbot des Heimbrauens deutlich lockerte, ein Überbleibsel aus Prohibitionszeiten. Bis dahin hatten lediglich große Konzerne einförmige Sorten produzieren dürfen, die Marken wie Budweiser, Coors, Schlitz oder Miller den Weg ebneten. Milwaukee in Wisconsin wurde zur Metropole der Gerste, welche vorwiegend deutsche Siedler ab den 1850er Jahren dort zu Bier verarbeiteten.

Ähnlich verhielt es sich in St. Louis im Bundesstaat Missouri, wo der aus Bad Kreuznach eingewanderte Brauer Eberhard Anheuser 1870 gemeinsam mit seinem Schwiegersohn Adolphus Busch eine Braustätte ins Leben rief. Inspiriert von böhmischen Einwanderern produzierten die beiden nach Pilsener Brauart und nannten ihr Ergebnis Budweiser, was bis heute Streitigkeit mit dem Original in Böhmen nach sich zieht.

Aber widmen wir uns einer Entwicklung, die ihresgleichen sucht. Eine frische Generation von Braumeistern revolutioniert die Bierkultur, seit die Kleinbrauereien (die Micro Breweries, die neuerdings lieber als Craft Breweries, Handwerksbrauereien, bezeichnet werden wollen) die Szene aufmischen. Historische Stile werden wiederbelebt, neue Experimente gewagt. Famoses Beispiel ist der New Yorker Stadtbezirk Brooklyn. Ein Ort, der vor hundert Jahren 48 Brauereien vorweisen konnte, von denen die letzte, Schaefer and Liebmann Rheingold, 1976 die Pforten schloss. Damals wirkten noch die Spätfolgen der Prohibition und es wurden überall im Land leichte, fade Biere aus Reis und Mais hergestellt, über die die Europäer zu Recht die Nase rümpften. Ein Journalist und ein Bankangestellter nahmen sich 1984 der verwaisten Brauereitradition in Brooklyn an. Nach einem sehr mühevollen Beginn der Brooklyn Brewery, als die Frachtunternehmen der Stadt, die in der Hand der großen Braukonzerne waren, ihre Waren nicht transportierten, ging es bergauf. Die Anschaffung eines eigenen Trucks wurde umgesetzt, Milton Glaser, der Designer des „I love New York"-Logos entwarf das Corporate Design für die Brauerei und 1994 kam mit dem begnadeten und experimentierfreudigen Braumeister Garrett Oliver der wichtigste Mann ins Boot. Mittlerweile arbeiten weitere Brauereien wieder am historischen Bierstandort Brooklyn, und das Brooklyn Lager ist in aller Munde. In Deutschland erkannten die Unternehmer von Braufactum die Qualität jener Biere und vermarkten sie in ihrem Sortiment, darunter auch köstliches Sorachi Ace, das mit einem besonderen japanischen Hopfen gebraut wird.

1873 von dem deutschen Einwanderer Adolph Coors gegründet, ist die Brauerei aus Colorado heute die fünftgrößte der Welt

Das Beispiel der Brooklyn Brewery steht stellvertretend für eine Vielzahl nachwachsender Craft Breweries überall in den USA. Kleine Brauereien wie Pretty Things aus Massachusetts, Allagash aus Maine, Cigar City Brewing aus Florida, Dogfish Head aus Delaware oder Sierra Nevada aus Kalifornien sorgen für eine Vielfalt, über die der deutsche Durchschnittskonsument nur staunen kann. Glücklich, wer beispielsweise zur New York Craft Beer Week im September in der Stadt weilt, um die Brauer zu treffen und in großartigen Pubs wie Barcade oder Blind Tiger ihre Produkte zu verkosten.

Die Entwicklung in den USA dringt glücklicherweise allmählich auch nach Deutschland durch und sorgte bereits für einige interessante Projekte. So tauschten sich die Brauer der Bayerischen Staatsbrauerei Weihenstephan mit denen von Samuel Adams in Boston aus

Das edle Infinium ist ein Gemeinschaftsprojekt der Brauereien Samuel Adams und Weihenstephan. Die Reifung auf Champagnerhefen führt zu einem vollmundigen, aber auch spritzigen Bier, präsentiert in der eleganten Schaumweinflasche

Seit 1980 braut Ken Grossman seine hochwertigen Biere und unterstützt mit den Erlösen oft gemeinnützige Einrichtungen. Die Brauerei gewinnt eigenen Strom aus einer der größten privaten Solaranlagen der USA. Erfolgreichstes Bier ist das vielfach ausgezeichnete Sierra Nevada Pale Ale

und brauten gemeinsam das Infinium, ein tiefgoldenes, spritziges Bier aus einer Champagnerflasche, bei dem unter- und obergärige Hefen, darunter Schaumweinhefen, verwendet werden. Eine leichte Säure trifft auf Karamellnoten, während das Bier einen weinigen Duft verströmt und sich als Essensbegleiter förmlich aufdrängt. Der Alkoholgehalt von 10,5 Vol.-Prozent kommt ohne Zuckerzusatz zustande, womit das Bier dem Reinheitsgebot entspricht und zeigt, was doch so alles innerhalb dieser Grenzen möglich ist.

Da möchte man Mittel- und Südamerika am liebsten überspringen, wo uns erneut die milde internationale Gleichförmigkeit und Langeweile begegnen und Lager wie Dos Equis, Sol, Red Stripe, Brahma oder Corona zuweilen gar verlangen, eine Zitrone in den Flaschenhals zu stopfen. Womöglich wäre in Chile und Argentinien tatsächlich ein Wein angenehmer.

Aber setzen wir noch einmal per Schiff über und erreichen die geheimnisvolle Osterinsel mit den monumentalen Steinskulpturen, den Moais. Dort erwartet uns das Mahina Pia Rapa Nui, ein faszinierendes Stout, das, wie das Etikett geheimnisträchtig andeutet, nach dem Rezept des örtlichen weisen Mannes mit dem besten Wasser der Welt gebraut wird, bei Vollmond natürlich.

Ein Mann, seine Gerste und das magische Wasser. So lautete die Formel, ob in Weihenstephan, New York, Belgien oder England. Immer unterwegs zum nächsten Biergenuss, so ist es recht!
Schließen wir das Kapitel der Weltumsegelung daher mit einer russischen Redensart, die jeder Bierfreund der Welt versteht:
„Die Kirche ist nah, aber die Straße ist vereist. Die Kneipe ist weit, aber ich kann ja vorsichtig gehen."

13.000 Kilometer war das geheimnisvolle Vollmond-Stout von der Osterinsel nach Deutschland unterwegs

Exkurs:
Das Bier der US-Präsidenten

Die Geschichte der Vereinigten Staaten von Amerika ist auf schicksalhafte Weise mit dem Bier verknüpft. Im September 1620 stach die Mayflower von England aus mit 102 Siedlern, den sogenannten Pilgervätern, in See, um neues Glück auf der anderen Seite des Atlantiks zu finden. Heftiger Seegang erschwerte die Reise und schließlich beschlossen die Pilgerväter, doch bereits bei Plymouth Rock an Land zu gehen. Im Logbuch der Mayflower verzeichnete der Kapitän den Grund: „… wir haben keine Zeit mehr für weitere Suche und Überlegungen. Unsere Lebensmittel gehen zur Neige, besonders unsere Biervorräte."

Beratungen an Bord der Mayflower

Der erste Präsident der USA, George Washington (1732–1799), destillierte in seiner Freizeit Whiskey. Der Prozess der Whiskeyherstellung ähnelt in seinen ersten Schritten dem Bierbrauen. Dass Washington nicht nur als Staatsmann, sondern auch als gewissenhafter Braumeister wirkte, darauf stieß ein aufmerksamer Leser in einer New Yorker Bibliothek. In der New York Public Library tauchte ein im Jahr 1757 von Hand geschriebenes Rezept des Mannes auf, der heute jede Ein-Dollar-Note ziert. Die Coney Island Brewing Company braute zum 100-jährigen Bestehen der Bibliothek in Manhattan im Mai 2011 das Bier nach und nannte es Fortitude's Founding Father Brew. Fachleute bewerten das Bier als leicht und trocken. Anklänge von Schokolade und Kaffee begleiten die malzigen Aromen.

Der spätere Präsident Abraham Lincoln (1809–1865) erklärte: „Ich habe einen festen Glauben an das Volk. Gibt man ihnen die Wahrheit, so begegnen sie verlässlich jeder nationalen Krise. Der große Punkt ist, ihnen die echten Fakten zu geben, und Bier."

Im aktuellen 21. Jahrhundert folgt das Weiße Haus selbst dieser Devise, und so ist Barack Obama der erste Präsident, der im Präsidentendomizil sein eigenes Bier brauen lässt. Im März 2011 durften die ersten Gäste das Gebräu mit dem Namen White House Honey Ale verkosten. Der Hopfen dafür wird im Garten des Weißen Hauses selbst angebaut und auch der Bienenstock für die Honigaromen befindet sich dort.

Von George Washington zu Barack Obama: 220 Jahre Biertradition im amerikanischen Präsidentenhaus

Bierkultur und Biergenuss
Traditionspflege und Verkosten

Selbstverständlich ist jeder Tag ein guter Tag, um ein schönes Bier zu genießen. Besonders auserkoren wurde jedoch der 23. April. Dieses Datum ziert das berühmte Dokument, mit welchem die Herzöge Wilhelm IV. und Ludwig X. im Jahre 1516 in Ingolstadt das bayerische Reinheitsgebot erließen.

Seit 1994 feiern die deutschen Bierbrauer diesen Tag des deutschen Bieres mit besonderen Aktionen und Veranstaltungen. Manche Brauereien fertigen zu diesem Datum ganz besondere limitierte Varianten oder Bier nach historischen Rezepturen an. Der Deutsche Brauer-Bund e. V. unterstützt regelmäßig die vielfältigen Aktionen bundesweit und hat ein spezielles Logo entwickelt, das am 23. April zu Führungen in die Braustätten, zu Verkostungen in die Schankstuben und zum Feiern auf Bierfesten ruft.

Tradition, Heimat und Bier gehören in Bayern einfach zusammen

Auf die Wiesn!

Einige der Feste rund ums Bier erlangten Weltruhm oder sind zum wichtigen Treffpunkt der Industrie geworden.

Mit heute sechs Millionen Besuchern in 16 bis 18 Tagen hat sich das Oktoberfest seit seinem Ursprungsjahr 1810 zum größten und bekanntesten Volksfest der Welt entwickelt.

Am 17. Oktober 1810, im Verlauf der mehrtägigen Feierlichkeiten anlässlich der Hochzeit des bayerischen Kronprinzen Ludwig mit Prinzessin Therese von Sachsen-Hildburghausen, lockte ein Pferderennen vor den Toren der Stadt München die Hochzeitsgesellschaft sowie die Bevölkerung. Um die 10.000 Menschen scharten sich um die Rennstrecke und das königliche Zelt auf einer Anhöhe. Das Spektakel fand auf einem Feld statt, welches die Münchener zu dieser Zeit als „den großen Platz an der Straße nach Italien" bezeichneten. Nach der Hochzeit wurde der Platz umbenannt in Theresienwiese – nach der Braut und späteren Königin von Bayern. Der Platz ist heute innerhalb der Stadt gelegen und landläufig als Wiesn bekannt.

Als Sieger des Pferderennens ging der Unteroffizier der Nationalgarde Franz Baumgartner hervor, der seinerseits die Idee für die Veranstaltung hatte. Über seinen Vorgesetzten, Major Andreas Dall´Armi, der als Kegelbruder mit König Maximilian I. Joseph verkehrte, hatte die Idee eines Wettkampfes nach olympischem Vorbild den Hof erreicht und ihre Umsetzung erfahren. Baumgartners Erfolg, die 3.370 Meter lange Strecke in 18 Minuten und 14 Sekunden bewältigt zu haben, wurde mit dem Siegerpreis von 20 Dukaten belohnt. Der Erfolg der Veranstaltung an sich begeisterte das Königshaus und so stand rasch der Entschluss fest, die Veranstaltung fortan jährlich zu wiederholen, als Baierisches Oktober-Nationalfest. Landwirtschaftliche Produkte, Fahrgeschäfte und Schaubuden sowie Essen und Trinken begleiten die Veranstaltung zunehmend. 1860 zählte das Fest bereits 100.000 Besucher.

Den Siegeszug des Bieres auch auf dem Fest beschleunigte die Industrialisierung, die mit neuen Produktions- und Kühlungsverfahren immer größere Mengen des Trunks bereitstellen konnte. Um 1900 ersetzten riesige Bierhallen, teilweise von namhaften Architekten entworfen, die kleinen Schankbuden. Bierbarone und Wiesnwirte wetteiferten um Renommee und Gäste, was bereits 1887 die Ausstattung der Kutschen für den erstmals stattfindenden „Einzug der Wiesnwirte" verdeutlichte. Heute ist es der offizielle Auftakt des Oktoberfestes, wenn der Oberbürgermeister und das Münchner Kindl den Zug anführen. Seit 1898 singen die Besucher jenes berühmte Lied: „Ein Prosit, ein Prosit, der Gemütlichkeit. Oans. Zwoa. Drei. Gsuffa!" Traditionell beginnt die Veranstaltung am ersten Samstag nach dem 15. September mit dem Fassanstich durch den Bürgermeister und dem Ruf „O´zapft is!" und endet am ersten Sonntag im Oktober. Wenn der 1. oder 2. Oktober ein Sonntag ist, dann verlängert sich, so die Regel seit dem Jahr 2000, das Fest bis zum Tag der Deutschen Einheit am 3. Oktober.

Zum 200-jährigen Bestehen im Jahre 2010 kam ein weiterer Bereich hinzu, das „Historische Oktoberfest" in dem historische Fahrgeschäfte und alte Traditionen, die in einer Geschichtsausstellung erklärt wurden, Wiederbelebung finden. Der Erfolg des Nostalgiefestes war überwältigend, so dass dieses fortan als „Oide Wiesn" zum regulären Bestandteil des Festes wurde.

Unter der Paulskirche wogt das Münchner Oktoberfest

O´zapft international

Das Oktoberfest und die dazugehörigen speziellen Oktoberfest-Biere finden mittlerweile in aller Welt Nachahmung. Die Veranstal-

Samba trifft auf Schuhplattler – Oktoberfest am Zuckerhut

Eisenbahnbier aus Blumenau, da kann es sich doch nur um Brasilien handeln

tung in Hannover erwartet als zweitgrößtes Oktoberfest eine Million Besucher. Außerhalb Deutschlands wird alljährlich im Oktober das kanadische Kitchener-Waterloo zur Biermetropole, für 700.000 Menschen auf dem Weg zum Gerstensaft, Ziel ihrer Sehnsucht. Die Doppelstadt beherbergt traditionell viele, teilweise wohl bierkundige deutsche Einwanderer und hieß bis 1916 Berlin. Ein weiterer deutscher Siedlungsort, diesmal auf der südlichen Halbkugel, findet sich im brasilianischen Bundesstaat Santa Catalina: die 300.000 Einwohner zählende Ortschaft Blumenau, aus der die in Brasilien sehr bekannte Biermarke Eisenbahn stammt und die zum Oktoberfest mit 600.000 Besuchern aus allen Nähten platzt.

Das größte Bierfest Asiens richtet seit 1991 die Stadt Hafenstadt Quingdao im östlichen China aus, auch bekannt als ehemalige deutsche Kolonie Tsingtao. Jeden August strömen ab dem zweiten Wochenende des Monats über zwei Wochen hinweg drei Millionen Menschen auf das Quingdao Beer Festival und erfreuen sich an Bieren aus über fünfzig Ländern und an Karaoke. Es servieren hübsche Asiatinnen in Dirndltracht nach Münchner Vorbild.

Sterneckerstrasse 2, 80331 München Öffnungszeiten Museum: Dienstag bis Samstag 13–18 Uhr

In München selbst beherbergt das älteste erhaltene Bürgerhaus aus dem 14. Jahrhundert das Bier & Oktoberfestmuseum und berichtet von der lebendigen Geschichte der Bierstadt München und ihres berühmten Volksfestes. An Ausstellungsstücken wie einem Zinnmodell des Oktoberfestes oder einem Modell der ersten Kühlmaschine der Firma Linde wird die Geschichte greifbar. Verkostungen, Lesungen und Kulturstammtische ergänzen das abwechslungsreiche Jahresprogramm. Meist finden diese dann im Museumsstüberl statt, dem angegliederten Schankraum, der verschiedenste Münchner Biere ausschenkt und dafür sorgt, dass die Geschichte auch ja nicht zu trocken daherkommt. Dieses und die weiteren bereits beschriebenen Museen bergen zahlreiche Schätze der Bierkultur und Produktgeschichte. Auch außerhalb der Museen greift die Sammelleidenschaft bezüglich der Bierhistorie und entsprechender Devotionalien um sich.

Jäger und Sammler in Sachen Bier

Klassische Sammler befassen sich mit Bierdeckeln, Kronkorken, Etiketten und Gläsern, aber auch Logo-Trägern wie Hemden und Schirmmützen, oder Miniaturbrauereifahrzeuge sind beliebt, genau wie sogenannte Pilsdeckchen, diese runden, saugfähigen Papierkragen am Stiel des Glases, die verhindern sollen, dass Flüssigkeit vom Glas auf die Tischoberfläche läuft.

Diese Gegenstände geben Einblicke in die Entwicklung der Grafik und Werbung und stellen Kulturgeschichte dar. Interessant ist beispielsweise die Veränderung der Etiketten der Berliner Engelhardt Brauerei während der Weimarer Republik: 1918 ziert eine dunkelhaarige Engelsfigur unbestimmten Geschlechts die Flasche. 1934 wechselt die Figur in ein blondbezopftes arisches Engelsmädchen, nachdem der angesehene jüdische Generaldirektor und Mehrheitseigner Ignatz Nacher auf übelste Weise enteignet worden war. Ein weiteres Sammelgebiet bildet der Bierdeckel, auch Bierfilz oder Coaster genannt. Schon merkwürdig, etwas Deckel zu nennen, was unter dem Glas liegt. Der Ursprung des Gegenstandes kommt aber tatsächlich von oben. Im 19. Jahrhundert besaßen gutsituierte Herrschaften Bierkrüge mit einem befestigten Deckel, beispielsweise aus Zinn, mit dem sie im Freien ihr Getränk gegen herabfallendes Laub oder Ungeziefer schützten. Die einfache Bevölkerung nahm zu diesem Zweck den Bierfilz, der unter dem Glas lag, und legte ihn darauf. Der feuchte Filz war oft unhygienisch und sorgte für eine Vermehrung von Bakterien und Krankheitserregern. 1880 stanzte daher erstmals die Kartonagenfabrik und Druckerei Friedrich Horn aus Buckau bei Magdeburg Untersetzer aus Pappe und bedruckte diese. Die Verfeinerung der Technik und der Materialien insbesondere durch die Verwendung eines Holzbreis sorgte für eine bessere Saugkraft und für vielfältige Gestaltungsmöglichkeiten z. B. als Werbeträger.

Zunehmende Nutzung erfuhr der Bierdeckel zur Auflistung der Bestellungen, oft in Form von Strichen. „Einen Deckel machen" heißt diese Form der Abrechnung. Striche auf dem Bierdeckel sind übrigens die Fortsetzung einer verwerflicher anmutenden

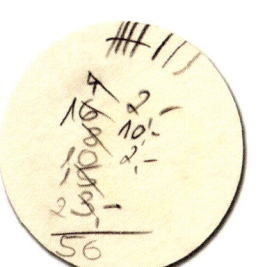

Schuldenaufzeichnung: Seit dem Mittelalter hatten die Wirtshausbesucher oftmals etwas auf dem Kerbholz: Der Wirt kerbte ein Holz ein, um die Schulden der Zecher zu vermerken. Nach der Bezahlung wurde das Holz geschliffen und aufs Neue verwendet.

Bierdeckel aus Tokio

Dieser gigantische Steinkrug wiegt ohne Inhalt bereits 16 Kilogramm und hat ein Fassungsvermögen von 32 Litern

Praktisch: Werbeträger und Kassenbuch. Beliebt ist auch das notieren von Telefonnummern auf dem Bierdeckel

In einem Tulpenglas entfaltet sich die Schaumkrone besonders schön

Hygiene ist wichtig. Nur saubere Zapfhähne und Schankleitungen gewährleisten das perfekte Bieraroma

Spülmittelreste am Glas zerstören den Schaum, daher unbedingt mit klarem Wasser ausspülen

Nun füllt die Gläser!

Jetzt sollte eigentlich bereits eine ordentliche Vorfreude auf den nächsten Schluck geweckt sein. Doch auch das Einschenken will gelernt sein. Mittlerweile gehört ein individuelles Glas zum Image einer Marke, so dass man bereits eine Glasform vor dem geistigen Auge sieht, wenn nur der Markenname fällt. Und für bestimmte Bierstile eignen sich bestimmte Gläser besser als andere. Natürlich fallen uns einige davon sofort ein: die Kölner Stange gehört zum Kölsch wie das Altbierglas zum Alt. Die Berliner Weiße benötigt eine breite Schale und das Stout gehört in ein klassisches Pintglas. Und wenn von einer „Kugel" die Rede ist, wissen Biertrinker meist auch, dass ein rundes Glas mit tulpenförmiger Öffnung und einem Fassungsvermögen von 0,3 Liter gemeint ist.

Für den Heimbedarf zur Flasche Bier sind zwei Glastypen meist ausreichend: eine Tulpe (oder auch jene Kugel) für ein Pils und ein Weizenbierglas. Vor dem Einschenken sollte das Glas mit frischem kaltem Wasser ausgespült werden. Das Pilsglas hält man leicht geneigt und schüttet das Bier, das auf ca. 8 bis 12 Grad gekühlt sein sollte, in das Glas. Danach darf sich das Bier kurz setzen, bevor nachgeschenkt wird, um eine schöne Schaumkrone aufzufüllen.
Ein Weizenbier einzuschenken erfordert etwas mehr Präzision. Es schäumt intensiver, da es mehr Kohlensäure enthält. Idealerweise rinnt das Weizen daher langsam am Rand des schräg gehaltenen Glases entlang und baut sich samt Schaumkrone gleichmäßig auf. Biersommelier Karl Schiffner rät, das Weizenbierglas nicht anzufeuchten, aber es beim Einschenken leicht zu drehen, damit mehr Sauerstoffkontakt den Geschmack intensiviert. Zwei Zentimeter des Bieres mit den Hefeteilchen sollten in der Flasche verbleiben. Diesen Rest verwirbelt man in einer kreisenden Bewegung und schenkt ihn zuletzt obenauf. Das sorgt dafür, dass die Hefe sich gleichmäßig im Glas verteilt.
Bei professionellen internationalen Verkostungen und Bierwettbewerben finden oft einheitliche Becher Verwendung oder das klassische Verkostungsglas, welches auch bei Weinproben zum Einsatz kommt. Für den deutschsprachigen Raum entwickelte der Verband der Diplom-Biersommeliers (www.biersommelier.de) jüngst ein neues Glas: mit einem zylindrischen Fuß zur idealen Farbbestimmung, einer Tulpenform für die optimale Konzentration bierspezifischer Aromen und einem geschwungenen Glasrand für eine gute Schaumkrone.

Die Bierdegustation daheim

Viel zu selten gibt es Gelegenheiten, sich einmal intensiv auf ein Bier zu konzentrieren und auf Entdeckungstour zu gehen, um seine Aromen zu erkunden. Neidvoll blicken Bierfreunde auf Weintrinker, denen sich deutlich öfter die Gelegenheit zur sensorischen Schulung bietet. Dennoch dürfte es nicht allzu schwierig sein, im privaten Umfeld eine Schar von Freiwilligen zu rekrutieren, um mit ihnen eine Degustation durchzuführen. Sechs bis acht Biere sollten gereicht werden. Thematische Möglichkeiten bieten sich vielfältige:

1. verschiedene Biertypen, um die Charakteristik der Sorten gegeneinander abzugrenzen (z. B. jeweils ein Helles, Pils, Kölsch, Alt, Schwarzbier, Weizen, Bockbier oder Porter);
2. verschiedene Marken innerhalb einer Biergattung (z. B. nur Ales oder nur Zwickelbiere);
3. Biere eines Landes oder einer Region oder einer bestimmten Brauart (z. B. irische oder Allgäuer Biere; oder nur ober- oder untergärige Biere);
4. um die Bandbreite und die Handschrift einer Brauerei kennenzulernen, ist eine Verkostung durch deren Biersortiment denkbar. Auch eine Art Duell zwischen ähnlichen Bieren aus zwei Brauereien kann sehr unterhaltsam sein.

Ein Einbecker Bockbier wird traditionell aus dem Einbecker Stutzen getrunken

Weiteren Degustationsvarianten sind keine Grenzen gesetzt. Fortgeschrittene verkosten sogar gleiche Biere unterschiedlicher Chargen gegeneinander. Für Kenner reizvoll sind die sogenannten Blindverkostungen, bei denen der verkostete unbekannte Trunk treffend beschrieben oder erraten werden muss. Auch die Kombination mit bestimmten Speisen (z. B. Käse oder Schokolade) und die Frage, was am besten passt, bereitet erhellendes Vergnügen.

Umgebung und Geschmacksknospen sollten auf diese Probe gut vorbereitet und daher neutral sein. Starkes Parfum, Zigarettenqualm und sehr würzige Speisen gilt es zu vermeiden. Saubere, einheitliche Gläser sowie Wasser und Weißbrot, um den Gaumen zu

Klare Sache: Das passende Glas komplettiert die Freude am Gerstensaft

neutralisieren, sollten bereitstehen. Zettel und Stifte für eventuelle Verkostungsnotizen und Aromabewertungen dürfen nicht fehlen. Nun ist endlich das Bier an der Reihe, das auf 8 bis 12 Grad gekühlt sein sollte. Bei der Reihenfolge sollte darauf geachtet werden, mit dem leichtesten Bier zu beginnen (z. B. einem Lagerbier), um dann kräftiger zu werden und mit dem voraussichtlich aromastärksten Bier zu schließen (z. B. einem Triple Bock oder einem India Pale Ale).

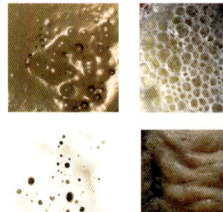

Schaum ist nicht gleich Schaum

Bierfarbe wird in EBC gemessen. Von Blond (4 EBC) über Bernstein (16 EBC) und Dunkelbraun (50 EBC) bis Schwarz (80 EBC)

Vielfältige Geruchs- und Geschmacksaromen können im Bier wahrgenommen werden, ohne darin verarbeitet zu sein, z.B. Zitrusfrüchte

1. Der Bierschaum

Das Bier sollte so zügig eingegossen werden, dass es deutlich aufschäumt. Schenken Sie jedes Bier auf die gleiche Weise ein, damit eine Vergleichbarkeit möglich ist. Nun prüfen Sie, wie sich der Schaum verhält. Hat er ein volles Volumen? Bleibt er erhalten oder zerfällt er schnell? Große Blasen platzen schneller als kleine. Welche Spuren hinterlässt der Schaum am Glas? Entdecken wir Formen wie aus Brüsseler Spitze oder erkennen wir solide Trinkringe an der Glaswand?

2. Die Farbe und Klarheit des Bieres

Vor einem weißen Hintergrund hebt sich die Bierfarbe besonders gut ab. Ist das Bier hellgelb, goldgelb, bernsteinfarben, hell- oder dunkelbraun oder gar schwarz? Glänzt die Flüssigkeit klar oder tendiert das Bier zu einer Trübung und wird opak, wolkig oder milchig? Der Verband der Diplom-Biersommeliers entwickelte für Fortgeschrittene eine nützliche Farbskala mit 14 Unterscheidungen in den Farbschattierungen.

3. Der Geruch des Bieres

Unsere Nase ist ein großartiges sensorisches Organ. Sie vermag 10.000 Aromastoffe zu unterscheiden. Mit etwas Training finden Sie rasch die richtigen Worte, um Ihren aromatischen Eindruck zu beschreiben. Im Geiste begibt man sich einfach an unterschiedliche Orte und geht dort das dufttechnische Repertoire durch. Denken Sie sich an einen Obststand und suchen Sie nach Zitrusaromen, Bananen, Aprikosen, Äpfeln oder verschiedenen Beeren. Öffnen Sie ihren geistigen Gewürzschrank und suchen nach Noten von Koriander, Nelken, Kardamon. Auch Nüsse könnten dabei sein. Gehen Sie in einen Blumenladen und schnuppern Sie an Rosen und Nelken. Wandeln Sie über eine Wiese und wittern Heu – frisch gemäht oder schon getrocknet? Weitere Aromen, die gerne im Duft des Gerstensaftes zum Vorschein kommen, wären Marzipan, Kakao, Karamell, Getreide, Hopfen, Malz, Lakritze und diverse Ausprägungen von Süße und Säure. Ist Ihnen der Duft angenehm? Oder eher nicht, wenn Sie womöglich Schwefel, Jod, Käse oder Teer schnuppern?

Der äußerst bierkompetente Fachverlag Hans Carl hat einen *Bier-Aroma-Guide* als praktisches Hilfsmittel für sensorische Assoziationen auf den Markt gebracht, das ähnlich dem Aromarad für Weinverkostungen funktioniert und typische Duft- und Geschmacksmerkmale bei Bier vorschlägt.

4. Der Geschmack

Nun liefern wir uns den Geschmackszonen unserer Zunge aus. Zu den klassischen Wahrnehmungen von süß, sauer, bitter und salzig kam vor einiger Zeit noch Umami hinzu, was auf Japanisch wohlschmeckend bedeutet. Meist kommt der Geschmack von Glutamat, aber auch in Tomaten oder Parmesan tritt er auf. Seit 2005 wird von Forschern auch der Geschmacksstoff Fett erkundet, der aber vermutlich bei unserem Bier keine tragende Rolle spielen wird, da Bier ein fettfreies Produkt ist. Umami tritt in der Regel nur bei gereiften Bieren in Erscheinung und stellt dann einen interessanten Faktor bei der Kombination von Bier und Essen dar. Auch Salz spielt im Gerstensaft keine wesentliche Rolle. Wenn doch, dann höchstens bei hochmineralischem Wasser oder wenn es absichtlich zugefügt wurde.

Süße, Säure und Bitterkeit begleiten uns mit hoher Wahrscheinlichkeit durch jede Bierverkostung auf die eine oder andere Weise. Wir unterscheiden drei Geschmacksstufen während des Trinkens:

Der Antrunk: Der erste Geschmackseindruck des Getränks. Ist es schlank oder vollmundig? Kommt es uns leicht oder schwer vor, würzig, malzig oder röstmalzaromatisch? Finden wir es wässerig, süffig, sortentypisch oder abgerundet?

Die Rezenz: Wie ist das Frischegefühl im Mund? Prickelt unser Getränk recht spritzig? Ist es lebendig, moussierend oder frisch? Wir könnten es auch als metallisch, sämig oder gar schal empfinden.

Der Nachtrunk: An dieser Stelle gibt das Bier seine endgültige Visitenkarte ab. Wie klingt das Bier aus? Empfinden wir es als harmonisch, ausgewogen oder rund? Hinterlässt es einen kräftigen Eindruck oder einen trockenen Nachhall? Zudem gesellen sich nun weitere Bitteraromen und Hopfennoten hinzu. Bleibt ein Hauch von Teig, Holz, Adstringenz, Kakao, Lakritz zurück? Denken wir an Brot, Nüsse, Essig oder Animalisches?

Die wichtigste Frage: Hat es denn geschmeckt? War dieses Bier etwas Besonderes mit deutlichen Unterschieden gegenüber dem anderen? Dann ist zweierlei gelungen, das Bier und Ihre Bierprobe! Dann haben Sie sich auf Ihr Getränk konzentriert, sich darauf eingelassen und es nicht einfach beiläufig weggetrunken, wie so viele es tun. Sehr gut! Hauptsache, es hat Freude gemacht. Am Ende hat jeder von uns das Recht auf eine individuelle aromatische Wahrnehmung. Auch ist jeder unterschiedlich geübt im Erkennen und Benennen von Aromen.

Nelke

Muskatnuss

Süßholz und Lakritz

Tatsächlich steht das Phänomen anspruchsvoller Bierverkostungen noch relativ am Anfang. Kurse, Seminare und Fortbildungen bis hin zum Diplom-Biersommelier sind noch rar. 2011 kürte eine Fachjury erst zum zweiten Mal den Weltmeister der Biersommeliers. In dem Wettbewerb gilt es, unsere eben beschriebenen Schritte einer Verkostung vor einer Jury zu vollziehen und die eigenen sensorischen Notizen zu kommentieren.

Der zweite Weltmeister 2011: Sebastian Priller-Riegele, Brauerei Riegele, Augsburg, Deutschland.

Der erste Weltmeister 2009: Karl Schiffner, Inhaber des Biergasthauses Schiffner in Aigen-Schlägl, Österreich.

Ein weiterer hoher Titel kommt dem Bierinteressenten bei näherer Betrachtung der Szene des Öfteren unter: der „Bierpapst", Conrad Seidl. Rituell gewandet, nicht in Soutane oder Mantello, sondern in grellen krachledernen Trachten, bestreitet der muntere Wiener seine Auftritte zum Thema Bier stets mit dem Verweis auf den selbstgewählten Titel. Neben einigen Publikationen zum Thema Bier lautet der Titel seines erfolgreichsten Buches daher folgerichtig: Die Marke ICH.

Stets munter und ein wenig grell, aber aus der Bierszene nicht wegzudenken: Bierpapst Conrad Seidl

Sie alle beschäftigt die Frage: Welches Bier zu welchen Speisen?
Haben Sie Folgendes schon einmal probiert? Sie gehen in Ihren Getränkefachmarkt, sprechen den Verkäufer an, teilen ihm mit, was Sie zu kochen gedenken, und bitten ihn um eine Bierempfehlung jeweils zu Vorspeise, Zwischengang, Hauptgericht und Dessert. Gut möglich, dass er Sie fassungslos anstarren wird. Die gleiche Szene in einem Weinladen wäre völlig alltäglich. In zahlreichen anspruchsvollen Restaurants gehört das Angebot einer ausgewählten Weinbegleitung ganz selbstverständlich zum Menü. Warum gilt dasselbe eigentlich nicht für Bier? In den USA, Australien, England oder Italien wäre ein Menü mit Bierbegleitung durchaus nicht ungewöhnlich. In Belgien gehört die Cuisine de la Bière zum Alltag. Und im Land der Dichter, Denker und Reinheitsgebotsbeschwörer? Durchaus ausbaufähig!

Oft wird ein Bier zum Essen genossen. Meist ist es jedoch jenes, welches verfügbar ist in Kühlschrank oder Gaststättenzapfhahn. Leider selten eines, welches genau zu dieser Speise ausgesucht wurde. Dabei gelingt es, in bestimmten Kombinationen wahre Gaumenexplosionen auszulösen. Haben Sie schon einmal Austern zu einem Stout probiert? Sie könnten begeistert sein. Parmesankäse zu einem

Märzenbier? Sensationell. Pils oder Doppelbock zu einem deftigen Braten? Selbstverständlich.

Beachtet man einige bewährte Erfahrungswerte, so steht nichts dem spannenden Abenteuer im Wege, genussvolle Momente in der Kombination von Bier und Speise zu erleben.

Beachten Sie ein Gleichgewicht, eine Ausgewogenheit. Manche Paarungen verlangen einen Kontrast, andere benötigen eine Gemeinsamkeit.

Hopfenbittere Biere intensivieren Schärfe im Essen.

Bier und Käse aus der gleichen Region passen meistens gut zusammen.

Kräftige Speisen harmonieren mit kräftigen Bieren. Feine Gerichte benötigen ein feines Pendant.

Malzige Biere (Märzen, Bayerische Dunkelbiere) mildern die Schärfe in Gerichten.

Gegrillter Fisch und ein Dortmunder Export sind ein Traumpaar.

Bierkäse schmeckt mit Bier überhaupt nicht. Außer vielleicht mit Altbier.

Pils passt zu vielen Gerichten, aber nicht zu Fisch.

Immer mehr Köche und Restaurantbetreiber widmen sich dem Thema Bierbegleitung zu ihrem Menü und servieren ihren Gästen völlig neue Aromenkombinationen.
Das mit Abstand beste Buch zum Thema Essen und Bier verfasste Braumeister Garrett Oliver: The Brewmaster´s Table.
In deutscher Sprache schrieben Biersommelier Karl Schiffner und Genussautor Sepp Wejwar: Bier kombiniert. Das passende Bier zu jeder Speise

Bei sehr süßen Desserts wie Crème brulée passt ein stark gehopftes Bier sehr gut. Fruchtbetonte Nachtische wie Apfelkuchen halten einem belgischen Tripel-Bier stand. Je süßer das Dessert, desto bitterer darf das Bier sein.

Schokolade verlangt nach dunklem Bier oder einem fruchtigen Lambic.

Und wie sagt der hervorragende Bierautor Randy Mosher: „Wenn du nicht sicher bist, nimm etwas Belgisches!"

In Kochrezepte fand Bier bereits vor langer Zeit Einzug. Biersuppe oder das Bestreichen einer Bratenkruste mit Bier sind Klassiker. Auch die zeitgenössische Küche verwendet Bier als Marinade, zum Schmoren oder für eine Soße. Manche Köche gehen sehr geschickt mit der Kohlensäure im Bier oder auch mit den Hefearomen um. Aktuelle Ideen vermittelt das Buch Kochen mit & zu Bier von Horst Sulzmann oder eine Broschüre des Deutschen Brauer-Bundes e. V., Köstliche Bierküche, in der sich Rezepte finden wie Tafelspitz-Carpaccio mit Berliner-Weiße-Vinaigrette, Zander mit Kölsch-Kraut in Korianderrahm und geeistes Malztrunk-Erdbeersüppchen mit Vanilleeis.

Bier passt zum Essen, aber auch im Essen, z.B. Bierkaltschale und Malztrunk-Erdbeersüppchen

Für einen Bierpfannkuchen mit Blaubeeren eignen sich helle oder malzaromatische Biere, die nicht zu bitter sind

Kunden des Biervertriebs Braufactum erhalten ein Büchlein, in dem vielfältige Speisekombinationen empfohlen sind

Ein junges Unternehmen wagt derzeit den Schritt in einen ungewissen Markt im deutschsprachigen Raum und vermarktet besondere und exklusive Biere und regt zu deren Kombination mit Speisen an. Braufactum – Feine Bierkultur nennt sich das Unternehmen, das eng und sehr persönlich mit hervorragenden Braumeistern zusammenarbeitet und eigene exquisite Biere von ihnen entwickeln lässt, die dann zum Teil in Deutschland gebraut werden: Garrett Oliver, der die Brooklyn Brewery in New York aus ihrem langjährigen Dornröschenschlaf erweckte, Emma Gilleland von Marston´s in der Grafschaft Staffordshire, die in Burton-upon-Trent über das womöglich reinste Brauwasser der britischen Inseln wacht, oder Teo Musso, ein Bierverrückter, der in seiner Piemonteser Heimatstadt Piozzo das Lokal Birreria Baladin gründete, in dem er 200 Biersorten ausschenkte. 1995 wurde daraus die Birra Baladin und er braute selbst. Für Braufactum entwarf er ein spezielles Glas für Verkostungen, ähnlich einem Burgunderkelch, um den besonderen Gourmetcharakter der edlen Biere zu betonen. Die Braufactum-Biere sind nicht billig. Ein hervorragendes Bier verlangt einen angemessenen Preis. Wie wird sich das Wagnis entwickeln? Hoffen wir das Beste. Fürs Bier und so für uns. Und wie bemerkte der legendäre Whisky- und Bierkenner „Beerhunter" Michael Jackson (1942–2007) (nicht zu verwechseln mit dem gleichnamigen Popsänger): „Der Trend geht dahin, weniger zu trinken und dabei mehr zu schmecken!"

Langjähriges Standardwerk zum Thema Bier: Great Beer Guide von Michael Jackson

Exkurs: Der Kronkorken
Die Krönung einer Flasche Bier

Weltweit hat der Kronkorken exakt 21 Zacken, und das auf jeder einzelnen Flasche. Es war der irischstämmige Erfinder William Painter, der in Baltimore im US-Bundesstaat Maryland sein „bottle sealing device" unter der Bezeichnung „crown cork" zum Patent anmeldete. Am 2. Februar 1892 wurde der neuen Flaschenverschlussvariante das Patent mit der Nummer 468.258 erteilt. Painters Urkronkorken verfügte noch über 24 Zacken. Die Flaschenhälse wurden mit der Zeit schlanker und man stellte fest, dass eine ungerade Zahl an Zacken ein Verkanten bei der Handhabung ausschließt.

Verarbeitung des Urkronkorkens mit 24 Zacken nach dem Patent von William Painter

Der Erfolg der Idee war umwerfend und die Konkurrenz, der Bügelverschluss, musste sich geschlagen geben. Die herstellende Firma Bottle Seal Company benannte sich daher um in Crown Cork and Seal Company. Heute firmiert das Unternehmen als Crown Holdings und betreibt in 41 Ländern 139 Produktionsstandorte. Allein die europäische Zentrale in Zug in der Schweiz hat über 12.000 Angestellte. Eine erstaunliche Erfolgsgeschichte. Sie wurde noch befördert, als sich herausstellte, dass der Kronkorken nicht nur die Bierflasche einfach und sicher verschließt, sondern auch ideal für den Vorgang der Flaschengärung von Schaumwein eingesetzt werden kann. Während der Prohibitionszeit in den USA von 1919 bis 1933 eroberte der Kronkorken auch die Softdrinkindustrie. Zusätzlich stieg das Unternehmen 1936 in die Getränkedosenproduktion ein. Zu diesem Zeitpunkt stammte die Hälfte aller Flaschenverschlüsse weltweit aus dem Hause Crown Cork and Seal.

Der moderne Kronkorken ist aus Weißblech hergestellt und verfügt durch seine Innenschicht aus PVC oder Polyethylen über hervorragende hygienische Eigenschaften. Das war

nicht immer so. Bei bestimmten Witterungsverhält-
nissen, wie sie beispielsweise in Mexiko herrschen,
setzten die früheren Metallverschlüsse schnell Rost
an, weshalb die Durstigen einen Zitronenschnitz zur
Hand nahmen, um den Flaschenhals mit der Säure zu
reinigen. Wenn heute in Bierflaschen ein Zitronenach-
tel gesteckt wird, so hat dies lediglich Imagegründe
der jeweiligen Biermarke. Weder Biergenuss noch
Hygiene werden dadurch aufgewertet.

Dafür gilt es, bei der „Schlafmützenkontrolle" zu bestehen. In den frühen Jahren des Kronkorkens ähnelte
dessen gezackte Form derjenigen der nächtlichen
Kopfbedeckung, die damals in Mode war. Der Rohling
des Kronkorkens erhielt daraufhin seinen Spitznamen,
Schlafmütze. Während der Produktionsabläufe zur Qualitätsüber-
prüfung der Verschlüsse findet der Vorgang der „Schlafmützenkontrolle" noch heute Anwendung, wenn der richtige Sitz des Kronkorkens auf der Flasche geprüft wird.

*Kronkorken halten gerne
für Weltrekord-Versuche
her. Im Juni 2010 bildeten
4 Millionen Korken mit
einem Gesamtgewicht von
8 Tonnen ein Mosaik*

Großer Beliebtheit erfreut sich unser 21-Zack in Sammlerkreisen. Ob
mit schmuckem Brauereilogo außen oder mit geheimnisvollen In-
nenaufdrucken, beispielsweise für Preisausschreiben, ist das bunte
Weißblech beliebte Jagdbeute einer internationalen Hobbyisten-
gemeinde. Auf der Crownvention in den USA und dem Kronkorken
Forum (KKF) in Deutschland treffen die Sammler regelmäßig zu
Tausch und Trunk zusammen.

*Kronkorken – zunächst
praktisch und dekorativ auf
der Flasche. Später begehrtes Sammlerobjekt*

Exkurs:
Zigarre und Bier
Rat vom
Cigarrensommelier
Matthias Martens

Zu einer schönen Zigarre gehört zwangsläufig ein passendes Getränk, und so greifen die Genießer von Tabakwaren gerne zu einem Whisky, Kaffee oder vor allem zu Rum. Wir holen uns Rat von dem bekannten Cigarrensommelier Matthias Martens, ob Bier ebenfalls geeignet ist, den Genuss einer Zigarre adäquat zu begleiten.

Matthias Martens, geboren 1972 in München, ist zweifacher deutscher Meister der Habano-Sommeliers und Finalist der Weltmeisterschaften auf Kuba. Er moderiert Verkostungen in seinem Cigarrengeschäft Unter den Linden in Berlin und schreibt für die Zeitschriften Cigar Clan und Cigar. Gemeinsam mit Dieter Wirtz veröffentlichte er das Buch Cigarre & Co. Zudem ist er leidenschaftlich im Weinladen seiner Frau tätig.

Peter Eichhorn Welche Bedeutung hat für einen Cigarrensommelier die Verbindung Zigarre und Getränk?

Matthias Martens Zu einer Zigarre nimmt man eigentlich immer
ein begleitendes Getränk zu sich. Es geht gar nicht ohne. Die
wenigsten gehen einfach mit der Zigarre im Mund auf der Straße
herum. Meist schafft man sich mit einer guten Zigarre ein Genuss-
fenster zum Lesen oder für ein Gespräch, schon alleine dadurch,
dass man ein Zigarrenformat wählt und weiß, ich suche mir zwanzig
Minuten, eine halbe Stunde oder auch mehr.

Dazu dann ein Getränk wie Whisky, trockener Weißwein oder Rum
oder im Sommer auch einmal ein süßer ätherischer Pfefferminztee
als Erfrischung. Rotwein als Begleiter der Zigarre wird zuweilen
überschätzt.

PE Gewinnt Bier als Begleitgetränk an Bedeutung?

MM Absolut. Bier wirkt sensorisch oft angenehm, weil es löscht
und erfrischt, während die Zigarre den Gaumen und die Zunge
auch anstrengt. Aber: Wir erleben seit einigen Jahren einen Trend
hin zu spannenden und komplexen Bieren und sind gerade dabei,
unsere Biersensorik zu trainieren und ein neues Vokabular zur Be-
schreibung des Getränks zu entdecken. Als ich vor vier Jahren mein
Buch über Zigarren schrieb, spielte Bier noch keine Rolle. Auf einmal
ist ein Markt und ein neues Verständnis da und ich wäre nachlässig,
wenn ich Bier im Rahmen meiner Arbeit und meiner Zigarrenemp-
fehlungen nicht berücksichtigen würde.

PE Sucht man Harmonie oder Gegensätze?

MM Das hängt von der Situation ab und von dem, was gewünscht wird. Ein Rauchbier ist oft kein geeignetes Getränk zur Zigarre. Aber selten ist ein Bier so kräftig, dass es den Tabak dominiert. Bier verschwindet schneller am Gaumen, außerdem kann man an der Zigarre ziehen und den Geschmack auffrischen. Das Schönste, was passieren kann, ist wenn eins plus eins drei ergibt. Wir haben eine feine Zigarre und wir haben ein hervorragendes Bier und in Kombination kommt ein großartiger Moment heraus, wenn beide sich zu etwas Neuem, Drittem zusammentun.

PE Bitte ein Beispiel!

MM Ich habe die italienischen Weizenbiere für mich entdeckt. Sie sind sehr lebendig, mit Karamel- und Orangenaromen. Beispielsweise das Vúdú von Birrificio Italiano, ein dunkles Hefeweizen mit fruchtigem Charakter und dichter Textur. Dazu eine moderne Nicaragua-Zigarre, die nicht von kompromisslosen Gerbstoffen lebt, sondern von der Komplexität, ergibt ein einzigartiges Geschmackserlebnis.

PE Wovon wäre abzuraten?

MM Milde, feine Zigarren tun sich sehr schwer mit Pils. Es ist trocken, bitter und die Kohlensäure piekt die Zunge und verstärkt die Reizung. Oft kommt die Zigarre damit nicht klar. Das wird dann eindimensional bis ärgerlich. Bei kräftigen Zigarren macht man mit dem Pils nicht viel kaputt. Da entwickelt es die gewünschte erfrischende Wirkung.

PE Wird oft nach einer Beratung zu Tabakwaren und Getränken gefragt?

MM Oh ja, das ist eine Beratungssituation, die öfters vorkommt. Kunden haben Gäste, möchten eine Flasche Whisky auf den Tisch stellen und fragen, welche Zigarre sie dazu reichen sollen. Umgekehrt kann man beim Kauf einer besonderen Zigarrensorte raten, gerade zu jener Zigarre einen Süßwein oder ein spannendes Bier zu probieren.

Es ist großartig, dass der Austausch über Erfahrungen mit Kombinationen auch im Zusammenhang mit Bier immer lebendiger wird. Ich rate zum Ausprobieren, es kann richtig viel Spaß machen!

Bier und Bildung
Bier- und Brauwissen.
Vom Amateur
zum Profi

„Das Bier, das nicht getrunken wird, hat seinen Beruf verfehlt", erklärte der Abgeordnete Meyer-Breslau im Januar 1880 im preußischen Abgeordnetenhaus. Diese Bemerkung lädt ein, intensiver über Beruf und Berufung, aber auch über die Ausbildung nachzudenken – des Bieres wie der Menschen, die mit ihm zu tun haben.

In Stein gemeißelt: Dem Brauer muss sein eigenes Bier wohl schmecken

Glas und Schankkrug symbolisieren den Wirt auf alten Illustrationen

Den Lernprozess zum Bierkenner begannen wir schon durch die Beschäftigung mit der Geschichte des Bieres sowie den Techniken seiner Herstellung. Ein wichtiges Thema für die Ausbildung im Bierkennerberuf ist natürlich auch der Biergenuss. Für viele Genießer mag der Moment völlig ausreichend sein, in welchem ein frisch und sorgfältig gezapftes, erfrischendes Gebräu golden im Glase glitzert und die Vorfreude auf den ersten Schluck ein Lächeln auf die Lippen zaubert. Hier handelt es sich dann eher um die Amateure – was keine Geringschätzung ausdrücken soll, denn immerhin stammt das Wort von amare ab, dem lateinischen Wort für lieben.

Für andere ist hier jedoch noch längst nicht Schluss, und sie ziehen womöglich in Erwägung, mehr zu erfahren, selbst einmal die Braukunst zu erproben oder gar professionell in der Bierbranche arbeiten zu wollen.

In Deutschland stellen derzeit ungefähr 1.200 Brauereien unterschiedlicher Größe Bier her. Die Brauwirtschaft in Deutschland bietet Zehntausenden Menschen unterschiedliche Ausbildungsmöglichkeiten und Arbeitsplätze. Der Beruf des Brauers und Mälzers stellt dabei den Kernberuf in der Bierproduktion dar, denn er beschäftigt sich mit dem eigentlichen Herz des Geschehens. Es handelt sich um einen facettenreichen Beruf, der die Entstehung des Bieres quasi über alle beschriebenen Verfahrensstufen begleitet: Die Tätigkeit reicht vom Einkauf der erforderlichen Rohstoffe und den diffizilen Prozessen ihrer Verarbeitung über die Steuerung der Produktionsabläufe und die Wartung der Geräte bis zur Analyse und Qualitätsprüfung zur Sicherung der charakteristischen Eigenschaften und der Güte des Produktes.

Ein Blick auf die vorangegangenen Kapitel zur historischen Entwicklung der Produktion dürfte deutlich machen, dass sich der traditionelle Beruf inzwischen zu einer vielseitigen Tätigkeit entwickelt hat, für die eine breite Palette an Fähigkeiten, nicht zuletzt im Umgang mit der modernen Technik notwendig ist. Eine gute Nase und eine Schöpfkelle sind nach wie vor wichtige Begleiter im Braukeller, allerdings überwachen moderne Computersysteme heute die Abläufe in der Produktion. Kenntnisse in Hygiene, Biochemie und Analytik ergänzen das altbewährte Handwerkliche. Auch aktuelle Themen wie Umweltschutz und Energieversorgung sind aus dem modernen Brauwesen nicht mehr wegzudenken.

Brauer/in und Mälzer/in ist ein anerkannter Ausbildungsberuf nach dem Berufsbildungsgesetz und der Handwerksordnung. Die bundesweit geregelte dreijährige Ausbildung, die vom Brauereigewerbe und der Getränkeindustrie angeboten wird, umfasst ebenso das Hantieren mit den schweren Gerstenmalzsäcken wie die akkurate Steuerung computergestützter Messprogramme. Auch die Arbeitsagenturen informieren über diesen interessanten Ausbildungsgang. Wer ein gutes Maß an praktischer Berufserfahrung vorweisen kann, dem steht die weitere Qualifikation zum Braumeister bzw. zur Braumeisterin offen, für die der Besuch einer Meisterschule mit entsprechender Prüfung erforderlich ist.

Eine weitere Stufe der Qualifikation ist möglich mit einem Studium an der Doemens-Fachakademie in Gräfelfing bei München, die zum Titel Produktionsleiter für Brauwesen und Getränketechnik oder Brau- und Getränketechnologe führt.

Ihren Namen trägt die international renommierte Ausbildungsstätte nach Dr. Albert Doemens, der 1895 für die soeben gegründete Münchner Brauerakademie seine Idealvorstellung von der Ausbildung formulierte: Es möge „dem Studierenden die Erkenntnis in Fleisch und Blut übergehen, dass die praktische Erfahrung, die Beobachtung und Schärfung der Sinne die wichtigsten Grundlagen bilden für die erfolgreiche Laufbahn des Brauers".

Weitere Qualifikationen für eine Laufbahn in der Getränkeindustrie vermittelt die Akademie in Schulungen beispielsweise zum Lebensmittelmeister oder Getränkebetriebswirt, aber auch in Kursen ihrer Genussakademie, die Bierprofis und Biersommeliers für professionelle Verkostungen ausbildet, die sich beneidenswerterweise dann dem Genuss des Endproduktes widmen dürfen.

An zwei technischen Hochschulen kann man in Deutschland Studiengänge zum Diplom-Braumeister und zum Diplom-Ingenieur für Brauwesen absolvieren: Die TU Berlin bietet ihre Studiengänge gemeinsam mit dem Institut für Gärungsgewerbe und Biotechnologie

Ein Holzschnitt im Zürich des 16. Jahrhunderts stellt den Brauberuf dar

Heute helfen moderne Labortechniken bei der Qualitätskontrolle und Entwicklung

Die Meisterschulen:

Doemens-Fachakademie
Stefanusstraße 8
82166 Gräfelfing

Ferdinand-von-Steinbeis-Schule
Egginger Weg 26
89077 Ulm

Versuchs- und Lehranstalt für Brauerei in Berlin (VLB)
Seestraße 13
13353 Berlin

Die Universitäten:

Technische Universität
München
Studienfakultät Brau- und
Lebensmitteltechnologie
Weihenstephaner Steig 22
85350 Freising-
Weihenstephan

Technische Universität
Berlin
Fakultät III
Prozesswissenschaften,
Institut für Biotechnologie
Lehrstuhl für Brauwesen,
GG4
Seestraße 13
13353 Berlin

Weitere Informationen zu
Berufen im Brauwesen und
den zugehörigen Ausbil-
dungswegen erteilen auch:

Deutscher Braumeister-
und Malzmeister-Bund e. V.
Arndtstraße 47
44135 Dortmund

Die deutschen Brauer
Deutscher Brauer-Bund e. V.
Neustädtische Kirchstr. 7A
10117 Berlin

www.hausgebraut.de

Brauzubehör:

www.hobbybrauerversand.de
www.braupartner.de
www.brouwland.com
www.brauen.de
www.speidels-braumeister.de

(IfGB) an und erforscht die Zukunft des Gerstensaftes zum Teil an sehenswerten historischen Braugerätschaften.

Die Technische Universität München lehrt an einem der traditions-reichsten Bierstandorte des Landes gemeinsam mit der Bayeri-schen Staatsbrauerei in Weihenstephan, wo schon seit dem Jahr 1040 Bier gebraut wird.

Die Beschäftigung mit den Zutaten und den faszinierenden Her-stellungsprozessen steht aber auch Bierfreunden offen, die sich zuvor nicht eine komplette Ausbildung oder gar einen Studien-gang auferlegen möchten. Für den kleinen Hobby-Chemiker in uns geben zahlreiche Brauereien in Kursen die Gelegenheit zum Selberbrauen. Nach der üblichen Reifezeit – die die Lernenden nicht zu begleiten brauchen – darf dann das eigene Produkt ver-kostet werden.

Im Handel werden komplette Sets mit allen erforderlichen Be-standteilen angeboten, die in den heimischen vier Wänden die Erzeugung von Gerstensaft ermöglichen. Unterstützende Fachli-teratur ist aktuell gleichfalls im Angebot. Das Heimbrauen erfreut sich zunehmender Beliebtheit und daher wächst das Angebot an Hefen, Malz- und Hopfensorten, die auch für den Privatkunden verfügbar sind. Die internationale Biervielfalt kann auf diese Weise ausprobiert werden, auch wenn keine Brauerei in der eigenen Heimatregion ein Bier herstellt, das mit einem India Pale Ale oder einem Doppelbock vergleichbar wäre, denn mit Sorgfalt und Kon-zentration vermag auch der Braunovize es bald selbst zu fertigen. Sogenannte Starter-Kits mit allen notwendigen Utensilien zur Her-stellung von 18 bis 30 Litern einer Sorte sind bereits für um die 30 Euro erhältlich. Das Internet macht es heute noch einfacher. Einige Anbieter helfen mit Hotlines oder erteilen online kurze Braulekti-onen. Besonders die Vereinigung der Haus- und Hobbybrauer in Deutschland e. V. steht mit Rat und Tat zur Seite und veranstaltet Fachtagungen und Brauwettbewerbe für die Freizeitproduzenten.

Recht überschaubar ist dagegen der Markt an Fachzeitschriften im deutschsprachigen Raum Nur wenige Zeitschriften berichten und informieren hierzulande über das Geschehen auf dem nationalen oder internationalen Biermarkt. Pflichtlektüre für Branchenfachleute und alle innerhalb der Getränkeindustrie verantwortlich Beschäf-tigten ist das *Magazin Brauwelt*, das im Fachverlag Hans Carl GmbH in Nürnberg erscheint, der 2011 sein 150-jähriges Bestehen feiern durfte. Neue technische Entwicklungen, Personalien innerhalb der Branche und Veranstaltungen werden sachlich und kompetent behandelt.

Der Name verrät es bereits: *Genuss bier.pur* rückt verstärkt die Themen in den Vordergrund, welche auch den Endverbraucher begeistern. Bierliebhaber erfahren Interessantes über neue und originelle Produkte, bierhistorische Anekdoten und Ausflugsempfehlungen und dürfen kurzweilige Verkostungsnotizen nachvollziehen. Das stets appetitlich bebilderte Magazin erscheint im Österreichischen Agrarverlag, wo jährlich zwei Ausgaben speziell für die deutsche Leserschaft veröffentlicht werden.

Ein vortreffliches unabhängiges Magazin für Biergenuss und Braukultur bringen die beiden sympathischen Bierenthusiasten Frank Ehlert und Markus Harms viermal jährlich heraus. Wissenswertes aus der Biergeschichte findet in *Bier & Brauhaus* (www.braupaul.de) angemessenen Raum, genau wie Berichte von Bierfestivals und Brauereiveranstaltungen. Biere werden ausführlich vorgestellt und mit Geschmacksnotizen versehen und auch die Sammler kommen auf ihre Kosten, da die Informationen und Geschichten um Trinkgefäße, Bierdeckel und Etiketten liebevoll präsentiert werden.

www.genussreich-shop.de
www.hobbybrauen.de
www.brewland.eu
www.satkau1.de
www.brauundrauchshop.ch

Der georgische Künstler Niko Pirosmani (1862-1918) schuf die Werbetafel „Kaltes Bier"

Der Zapfer des Vertrauens im Army Service Club Brisbane, 1942

Wichtig, dass der Zapfhahn nicht in das Glas getunkt wird

Neben den wenigen Zeitschriften beweist immerhin eine stattliche Anzahl von engagierten Bierbloggern, dass das Gerstengetränk nicht nur den Durst löscht, sondern für Genießer auch eine Herzensangelegenheit darstellt. Den Wunsch nach einem rundum köstlichen Bier sollten im Idealfall auch die Gastronomen, die uns alltäglich das Getränk servieren, beherzigen. Daher empfiehlt es sich durchaus, immer wieder darauf zu achten, ob der Zapfer in Kneipe oder Restaurant die Regeln beherrscht, die er erlernt haben sollte, um dem Gast das perfekte Bier zu kredenzen. Denn was nützen all die Sorgfalt eines Braumeisters und die Genussfreude des Biertrinkers, wenn auf der Strecke vom Fass durch den Zapfhahn und ins Glas so manches schiefgeht?

Den Blick in den Kühlraum, auf die Druckanzeige der Schankanlage oder auf die – eben immer mehr oder weniger sauberen – Leitungen bekommt der Gast in der Regel nicht geboten und muss darauf hoffen, dass der Wirt die angemessene Sorgfalt walten lässt. Ein paar Indizien lassen uns jedoch erkennen, ob uns ein spritziger Genuss oder ein fader Graus erwartet:

- Sehr große Blasen im Schaum, der zudem nach kürzester Zeit in sich zusammenfällt, deuten darauf hin, dass ein für Biergläser ungeeignetes Spülmittel verwendet und zu wenig klar nachgespült wird.

- Schüttet der Zapfer das Bier aus verschiedenen Gläsern zusammen, so geht Kohlensäure verloren und das Bier verliert seine angenehm kühle Temperatur. Das Gleiche passiert beim Vorzapfen, wenn die Gläser zu lange stehen gelassen werden.

- Das 7-Minuten-Pils ist ein Mythos aus längst vergangenen Zeiten. Moderne Zapfanlagen ermöglichen einen Zapfvorgang, der in zwei bis drei Minuten zu einem hervorragenden Ergebnis führt. Je länger das Zapfen dauert, desto mehr erwärmt sich das Bier, während die Kohlensäure entweicht.

- Unmittelbar vor dem Zapfen sollte das Glas mit frischem klarem Wasser ausgespült werden. Ein warmes und trockenes Glas mindert den Biergenuss optisch und im Aroma.

- Der Zapfhahn sollte nicht in die Schaumkrone oder in das Bier getunkt werden. Einerseits ist dies nicht sehr hygienisch, zum anderen presst der Zapfvorgang Luft in das Bier und bringt so die Kohlensäure zum Entweichen.

- Sie wollen nicht dem „Nachtwächter" begegnen. So bezeichnen Gastronomen das abgestandene Bier, welches sich noch von der Nacht zuvor in der Leitung der Zapfanlage befindet.

Ein guter Gastronom wird stets dafür sorgen, dass unsere Freude am Bier erhalten bleibt und weiter wächst. In gesundem Maße und verantwortungsvoll genossen kann das Bier mit seiner großen Sortenvielfalt und der Fülle an Geschmackserlebnissen eine große Bereicherung für den Alltag sein. Wie bemerkte bereits der Schauspieler und Komödiant Heinz Erhardt: „Nur Wasser trinkt der Vierbeiner. Der Mensch, der findet Bier feiner!"

Ein Gegenbeweis zu Heinz Erhardt?

Exkurs: Prost, Cheers und Salute
Wohlsein International

Niemals wollen wir um einen freundlichen Trinkspruch verlegen sein. Um auch in fernen Ländern den Einheimischen angemessen zuprosten zu können, empfiehlt sich ein kleiner Vokabelkurs zum Biere:

Ägypten - *Bisochtak*

Äthiopien - *T'chen chen*

Albanien - *Gezuar*

Australien - *Cheers; Bottoms up*

Borneo - *Minum* (= Trinke!)

China - *Gan Bei* (= Trockne die Tasse!)

Dänemark - *Skål*

England - *Cheers*

Esperanto - *Sanon*

Estland - *Terviseks*

Finnland - *Kippis*

Frankreich - *À votre santé*

Georgien - *Gagimardschoss* (= Du mögest siegen)

Griechenland - *Ja mas*

Grönland - *Kassutta* (= Unsere Gläser mögen sich begegnen)

Hawaii - *Hipahipa; Mahalu*

Indien - *Mubarik*

Indonesien - *Pro*

Irland - *Slàinte* (gesprochen: Slondschi)

Island - *Samtakanu*

Israel - *L'Chaim* (= Auf das Leben)

Italien - *Salute*

Japan - *Kampai*

Kenia - *Rathima andu atene*

Korea - *Kong gang ul wi ha yo*

Kroatien - *Zivio*

Latein - *Sanitas bona; Bene tibi*

Lettland - *Priekaa*

Litauen - *I Sveikata*

Marokko - *Saha wa'afiab*

Neuseeland *(Maori)* - *Kia-Ora*

Niederlande - *Proost*

Norwegen - *Skål*

Österreich - *Prost*

Pakistan - *Sanda bashi*

Polen - *Na zdrowie*

Portugal - *Saude*

Rumänien - *Noroc*

Russland - *Budjem sdarowy*

Saudi-Arabien - *Zach Zech*

Schweden - *Skål*

Schweiz - *Pröschtli*

Somalia - *Auguryo*

Sri Lanka - *Ayubowan*

Suaheli - *Kwa Siha Yako*

Syrien - *Kull sinneb wo enteh salem*

Thailand - *Chokdee*

Tschechien - *Na zdraví*

Türkei - *Serefe*

Ukraine - *Budmo*

Ungarn - *Egészségedre*

USA - *Cheers*

Ver. Arab. Emirate - *Shukram*

Vietnam - *Chia*

Zulu - *Ugi wawa*

Register
Von Ale bis Zwickel – Biere und Brauereien von A bis Z

32 Via dei Birrai S. 91

Achel S. 84

Adelscott S. 87

Aecht Schlenkerla S. 46

Aktienbrauerei Zum Bergkeller S. 52

Albani S. 77

Ale S. 78 – 83

Alfa S. 89

Alkoholfreies Bier S. 41

Allagash S. 100

Alpirsbacher Klosterbräu S. 49

Alsterwasser S. 41

Altbier S. 37, **57**, 113

Amber S. 86

Amstel S. 87

Amsterdam Nut Brown Ale S. 98

Andechs S. 39, 47,

   Bergbock Hell S. 47

   Doppelbock Dunkel S. 47

Anheuser-Busch S. **74**, 93

   Bud S. 74

   Bud Light

Asahi S. 96

Astra S. **62**, 75,

   Urtyp S. 62

Augustiner S. 43

   Edelstoff S. 43

   Maximator S. 60

Ayinger S. 61

   Celebrator S. 61

   (kommt nur einmal vor unter Ayinger Celebrator)

Babb S. 91

Bärenpils S. 63

Baltika S. 74

   No. 6 Porter S. 75

Barley Wine S. 79 f.

Bayerisch Hell S. **43**, 54

Bayerische Staatsbrauerei Weihenstephan S. 47

Bayerischer Bhf. Leipzig S. 52

   Heizer S. 52

   Kuppler S. 52

   Schaffner S. 52

Beamish S. 83

Beck´s S. **61 f.**, 88, 93

   Gold S. 61

Belgisches Ale S. 86,

Bergmann Brauerei S. 57

   Adambier S. 57

Berliner Bürgerbräu S. 63

   Rotkehlchen S. 63

Berliner Kindl S. 63, **71**

Berliner Pilsner S. 63

Berliner Weiße S. 37, **85**, 108

Bier (Marke) S. 70f.

Bière Blanche S. 85

Bière de Garde S. 88

Biervision Monstein S. 69

   Monsteiner Wätterguoge S. 69

Binding S. **53**, S. 55

Birra Baladin S. 115

   Le Baladin Super S. 90

Birra Dreher S. 66

Birrificio Italiano S. 120

   Vúdú S. 120

Bitburger S. 46, **49f.**

Bitter, Bitter Ale S. 56, **78**

Blå Thor S. 77

Blanche de Chambly S. 99

Bock (Brauerei) S. 63

Bockbier S. 61f.

Bönnsch S. 59

Bötzow S. **25**, 63

Bolten S. 57

Boréale Rousse S. 98

Borussia Brauerei (Dortmund) S. 56

Brahma S. 101

Braufactum S. 91, 99, **115**

Brauhaus Goslar S. 52

Brauhaus Landsberg S. 71

Braumanufaktur Potsdam S. 64

Brew Dog S. 81

   End of History S. 81

   Sink the Bismarck S. 81

   Tactical Nuclear Penguin S. 81

   Trashy Blonde S. 81

Brick Red Baron S. 98

Brinkhoff´s No. 1 S. 56

Brooklyn Brewery S. **99f.**, 115

   Brooklyn Lager S. 99

   Sorachi Ace S. 99

Brown Ale S. 78f.

Budějovický Budvar S. 74

Budweiser (Tschechien) S. 73

Budweiser (USA) S. 93, **99**

Budweiser Bürgerbräu S. 74

Carlton Draught S. 97

Carlsberg S. 27, 37, 62, 68, **75f.**, 95

   Giraf Classic S. 77

Jacobsen Vintage 3 S. 76

Cask Ale S. 82

Castle Lager S. 95

Castlemaine XXXX S. 97

Chimay S. 84

Cigar City Brewing S. 100

Clausthaler S. 53

Coney Island Brewing Company S. 103

   Fortitude's Founding Father Brew S. 103

Coors S. 99

Corona S. 101

Courage S. 75

Cruszcampo S. 88

Czechvar S. 74

DAB (siehe Dortmunder Actien Brauerei)

DBB (siehe Bergmann Brauerei)

De Konick S. 86

Delirium Tremens S. 86

Desperados S. 88

Diätbier S. 41

Diebels S. **57**, 93

Dinkel Acker S. 48

Dju Dju S. 95

Dogfish Head S. **13**, 100

Doppelbock S. 60

Dortmunder Actien Brauerei S. 55

Dortmunder Export S. **54**, 113

Dortmunder Helles S. 54

Dortmunder Union S. 55

Dos Equis S. 93, 101

Dreher S. 66

Dreher Classic S. 66

DUB (siehe Dortmunder Union)

Dubbel S. 84

Dunkles S. 43

Duvel S. 86

Eberlbräu S. 61

Efes Pilsen S. 88

Egil S. 78

Eichhorn Brauerei S. 7

Einbecker Brauhaus S. 59

Eisbock S. 61

Eisenbahn Blumenau S. 106

Engel Braumanufaktur S. 48

   First Lady S. 48

   Kellerbier S. 49

   Zwickl S. 49

Engelhardt Charlottenburger Pilsener S. 63

Erdinger S. 37

ESB (siehe Extra Special Bitter)

Eschenbräu S. 64

Estrella Damm S. 88

Export S. 54, 81

Extra Special Bitter S. 79

Falcon S. 78

Faro S. 85

Faxe S. 77

Fischer S. 87

Fix Hellas S. 89

Flensburger S. 59

Foster's S. 93, **97**

Founders Brewing S. 80

   Curmudgeon Old Ale S. 80

Franziskaner Weissbier S. 93

Fritz Ale S. 70

Früh S. 59

Füchschen S. 57

Fürstenberg S. 48

Fuller's S. 79

   1845 Celebration Ale S. 79

ESB S. 79

   London Pride S. 79

   Vintage Ale S. 79

Gaffel S. 59

Garley Traditionsbrauhaus S. 71

Germania-Brauerei S. 96

Geuze (siehe Gueuze)

Gilde S. 93

Giraf Classic Albani S. 77

Gösser S. **66**, 93

Golden Ale S. 78

Goldstar S. 95

Gose S. **51f**, 85

Gottfried Krueger Brewery S. 53

   Krueger's Special Beer S. 53

Grolsch S. **87**, 93

Groterjahn S. 63

Grutbier S. 54

Gueuze S. 85

Guinness S. 82

Gulden Draak S. 87

Haake-Beck S. **61**, 93

Hansa (Dortmund) S. 54

Hanseatische Brauerei zu Rostock S. 62

Hasseröder S. **51**, 93

Hefeweizen (siehe Weizenbier)

Heine Bräu S. 51

Heineken S. 68, 87, **93**, 95

Helles (siehe Bayerisch Hell)

Henninger Export S. 53

Hoegaarden S. 93

Hövels Original S. 56

Hofbräuhaus München S. 42, 60

Holsten S. **62**, 75

Hops & Barley S. 64

Hürlimann S. 67f.

Huus-Braui S. 69

Imperial Stout S. 97: Minoh Imp. Stout, S. 75 Russian Imp. Stout)

India Pale Ale S. **79**, 109, 124

IPA (siehe India Pale Ale)

Iserlohner S. 54

Jever S. 59

John Smith's S. 79

   Magnet S. 79

   Original Smooth S. 79

Judas S. 86

Keg Ale S. 82

Kellerbier S. 45

Kilkenny S. 83

Kingfisher S. 93, **95**

Kirin S. 96

Kirschbier S. 35, **85**

Kiuchi S. 96

   Hitachino Nest White Ale S. 96

Kőbányai Serház S. 74

Kölsch S. 37, **59**, 108f.

König S. 50

Königsbacher S. 50

Königstadt Brauerei S. 63

Köstritzer S. 50

Kräusenbier S. 61

Kriek S. 85

Kriska S. 88

Krombacher S. 46

Kronen Brauerei Tettnang S. 48

   Coronator Doppelbock S. 48

   Keller-Pils S. 48

Kronen (Dortmund) S. 55f.

Kronenbourg S. 75, **87f.**

   1664 S. 87

Krostitzer S. 39

Kristallweizen S. 43

Kulmbacher S. **61**, 93

   Kulminator S. 60

Kwak S. 83f.

Lager, Lagerbier S. 57, **66f.**, 78, 88

Lambic S. **85**, 114

Landré S. 63

Lapin Kulta S. 77

La Trappe S. 84f.

Leikeim S. 45

Leipziger Gose S. 52

Licher S. 50

Löwenbräu S. **42f.**, 93

   Triumphator S. 60

Lucifer S. 86

Lübzer Brauerei S. 62

Maccabee S. 95

Mack S. 77

Maisel´s S. 37

Märzen S. **65**, 113

Mahina Pia Rapa Nui S. 101

Marston´s S. 115

McAuslan S. 98

McEwan´s S. 79

   India Pale Ale S. 79

Menterbräu S. 61

Midas Touch S. 13

Mikkeller S. 77

Mild Ale S. 79

Milk Stout S. 89

Miller S. **93**, 95, 99

Minoh Imperial Stout S. 97

Mönchshof S. 93

Molson Rickard´s Red S. 98

Monteith´s S. 97

Moretti S. 89

Moritz S. 88

Münchner Hell S. 43

Murphy´s S. 83

   Red Ale S. 83

   Stout S. 83

Mythos S. 89

Newcastle Brown Ale S. **79**, 93

Obergärig S. **37**

Oettinger S. 46

Oktoberfest-Märzen S. 66

Old Ale S. 79

Orval S. 84

Ottakringer S. 65

Päffgen S. 59

Pale Ale S. 78

Palm S. 86

Paulaner S. 43, **60f.**, 93

Patzenhofer S. 63

Peroni S. 89, 93

Phoenix Brewery S. 97

Pils, Pilsner S. 22

Pilsener Urquell S. 73f.

Pinkus Müller S. 58

Porter S. 37, 75, 78, 82

Potsdamer Rex S. 63

Pretty Things S. 101

Pripps S. 78

Pschorr S. 61

Quartiermeister S. 71

Radeberger S. **52f.**, 55f., 62, 91

Radler S. 40

Rauchbier S. 31, **45f.**, 120

Real Ale S. 81

Red Stripe S. 101

Reissdorf S. 59

Riedenburger Brauhaus S. 13, **46**

   5-Korn Urbier S. 46

   Emmer Bier S. 46

   Plankstetter Dinkel S. 46

Riegele S. 47

   Commerzienrat S. 47

Ritter S. 54

Rochefort S. 84

Rollberg, Privatbrauerei am S. 71

Rothaus S. 49

   Tannenzäpfle S. 49

Russian Imperial Stout S. 75

Saisonbier S. 79, 86

Salvator S. 60f.

Samichlaus S. 67

Samuel Adams S. 70, **100**

   Infinium S. 101

San Miguel (Philippinen) S. 97

San Miguel (Spanien) S. 88

Sapporo S. 96

Satan Gold S. 86

Schaefer and Liebmann Rheingold S. 99

Schlitz S. 99

Schloss Eggenberg Brauerei S. 67

   Hopfenkönig S. 67

Schlossplatzbrauerei Coepenick
S. 13

Schneider S. 61
  Aventinus S. 61
Schöfferhofer S. 53
Schorschbräu S. 81
  Schorschbock S. 81
Schützengarten S. 67
  Edelspez S. 67
  St. Galler Klosterbräu S. 67
Schwabenbräu S. 48
Schwarzbier S. 37, **50f.**
Schwechat Brauerei S. 66
Shandy S. 40f.
Shepherd Neame S. 95
Shilling Ale S. 81
Sierra Nevada S. 70, **100f.**,
  Pale Ale S. 101
Simonds Farsons Cisk S. 89
  Cisk Lager S. 89
  Farsons Lacto Milk Stout S. 89
Singel S. 84
Singha S. 96
Smithwick´s S. 83
Sol S. 93, 101
Spaten S. 43, 93
Spendrups S. 78
Spéciale S. 86
Spezial (Brauerei) S. 46
Spezialbier S. 63
St. Francis Abbey Brewery S. 83
St. Pauli Girl S. 93
Starkbier S. **60f.**
Steinbier S. 45
Steinlager S. 97
Stella Artois S. **87f.**, 93
Stifts S. 54
Störtebeker S. 62
  Bernstein Weizen S. 62
  Porter S. 62
Stone Brewing S. 70f.
  Arrogant Bastard Ale S. 71
Stout S. 37, **78**, 82, 109, 112

Stralsunder Brauerei S. 62f.
Stuttgarter Hofbräu S. 48
Sylter Hopfen S. 62
Swan Lake Porter S. 97
Tetley´s S. 75
Tettnanger S. 47f.
  Coronator S. 60
Thrale´s S. 75
Tiger S. 96
Toohey´s S. 97
Topvar S. 74
Trappistenbier S. 84f.
Tsingtao, Tsing Tao S. 95f
Turbacci S. 90
Turbinenbräu S. 68
  Goldsprint S. 68
Thier S. 54
Thuesborg (siehe Tuborg)
Topvar S. 74
Tripel-Bier S. 114
Triple Bock S. 109
Tuborg S. 75
  Julebryg S. 75
Tusker S. 94
Tyskie S. 74, 93
Uerige S. 58
Unertl S. 45
Untergärig S. **37**, 51
VB (siehe Victoria Bitter)
VEB Exportbierbrauerei Wernes-
grün (siehe Wernesgrüner)
VEB Radeberger Exportbierbrau-
erei (siehe Radeberger)
VEB Rostocker Brauerei (siehe
Hanseatische Brauerei zu
Rostock)
Veltins S. 54
Vereinsbrauerei Berliner Gast-
wirthe zu Berlin S. 71
Vereinsbrauerei Rixdorf S. 71
Victoria Bitter S. 97

Viking S. 78
Wädenswil S. 69
Warsteiner S. 31
  Premium Verum S. 55
Wasted German Beer S. 71
Weißbier (siehe Weizenbier)
Weizenbier S. 29, 37, **43**, 108
Weltenburger Klosterbrauerei
S. 19
Weihenstephan S. 19, **47**, 100, 124
  Infinium S. 101
Weihnachtsbier S. 49, 75, 87
Wernesgrüner S. 51
Westmalle S. 84
Westvleteren S. 84
White House Honey Ale S. 103
Wiener Lager S. 66
Windhoek Lager S. 95
Witbier S. 85, 98
Wolferstetter Brauerei S. 73
  Wolferstetter Josef Groll Pils
  S. 73
Zipfer S. **66**, 93
Zwickel, Zwickl S. 45

Personen-, Orts- und Sachregister
Von A bis Z

7-Minuten-Pils S. 126

Aachen S. 55f.

Abfüllung, Abfüllen S. 39

AB-InBev (siehe Anheuser-Busch InBev)

Ägypten S. 94

Alkoholgehalt S. 34

Alutis, Stephan S. 70

Andechs S. 47

Anheuser, Eberhard S. 99

Anheuser-Busch InBev S. 74, 92

Antrunk S. 111

Archäologisches Landesmuseum Mecklenburg-Vorpommern S. 16

Arthur´s Day S. 83

Aristoteles S. 13f.

Augsburg S. 47

Ayschilos S. 13

Babylon S. 9, **12f.**

Baierisches Oktober-Nationalfest (siehe Oktoberfest)

Balling, Karl Josef Napoleon S. 22

Barbarossa, Friedrich S. 19

Baumgartner, Franz S. 105

Bayern S. 43ff., 104

Beerhunter (siehe Jackson, Michael)

Belgien S. 83–86

Bereit, Wilko S. 71

Berlin S. 70f.

Bibel S. 16

Bierdeckel S. 106f

Bierfarbe (siehe EBC und SRM)

Biermischgetränk S. 40

Bier & Oktoberfestmuseum München S. 106

Bierorden S. 96

Bierprobe S. 21, **109**

Biersommelier S. 108, **112**,

Biersteuer S. 40

Bier- und Weinbrandecke S. 56

Bierzeiger (siehe Zoigl)

Bilgri, Pater Anselm S. 39

Birreria Baladin S. 90

Bismarck, Otto von S. **24**, 51

Bittereinheiten S. 35

Blind Tiger S. 100

Bjergsø, Mikkel Borg S. 77

Blumenau (Bierfest) S. 106

Böhmen S. 73

Bonn S. 59

Brauer und Mälzer (Beruf, Ausbildung) S. 122f.

Braufactum S. 91, 99, **115**

Braukloster S. 17

Braupaul S. 125

Braustern (siehe Zoigl)

Brauzubehör S. 124

Bremen S. 61

Breuer, Dieter S. 56

Brewers of Europe S. 72

Brinkhoff, Fritz S. 55

Bruder Barnabas S. 60

Bürgerbräu S. 18

Bürgerbräukeller S. 25

Busch, Adolphus S. 99

Cäsar, Julius S. 14

Campaign for Real Ale S. 79

CAMRA (siehe Campaign for Real Ale)

Cannabis S. 35

Cannstatter Volksfest S. 48

Carlsberg-Gruppe S. 62

Ceres S. **14**

Cervisia S. 14

Champagner S. 85, 100

Chicha S. 29

Cholera S. 19

Christentum S. 16

Codex Hammurapi S. 12f.

Columban von Luxeuil S. 16

Coors, Adolph S. 99

Copenhagen Beer Festival S. 77

Craft Breweries S. 78, 92, 97, **99f.**

Crown Holdings S. 116

Crownvention S. 117

Dahlerup, Jens Wilhelm S. 76

Dall´Armi, Andreas S. 105

Daphnien S. 31

Degustation S. 109

Dekoktionsverfahren S. 33

Demeter S. 14

Deutscher Brauer Bund e.V. S. 124

Deutsches Institut für reines Bier S. 42

Dionysos S. 14

Diplom-Braumeister S. 123

Diplom-Ingenieur für Brauwesen S. 123

Doemens, Dr. Albert S. 123

Doemens-Fachakademie S. 123

Dortmund S. 53–57

Dose, Dosenbier S. 53

Dreher, Anton S. **66**, 74

Düsseldorf S. 57ff.

EBC S. 110

Edda S. 16

Einbeck S. 59f.

Einbecker Stutzen S. 109

Einschenken S. 108

Elser, Georg S. 25

Emmer S. 28

Enki S. 9f.

Enkidu S. 10

Fachverlag Hans Carl S. 110

Fachzeitschriften S. 124f.

Feldschlösschen AG S. 67

Filtrieren, Filtration S. 38

Flavius Valens S. 14

Franken S. 44f.

Franziskanerkloster S. 83

Franziskus von Paola S. 60

Fraze, Ermal S. 53

Freien Brauer, Die S. 49

Freising S. 19, 35, 44

Friedrich II. (der Große) S. 22, **24f.**

Friedrich Wilhelm I. S. 22

Frigg S. 15

Fuchs, Karl Johann S. 89

Gärung S. 37

Gambrinus S. 18

Germanien, Germanen S. 14ff.

Geronimus (siehe Hatt, Jérôme)

Gerste S. 28f.

Gesellschaft für Geschichte des Brauwesens e.V. S. 64

Gilgamesch S. 10

Gilleland, Emma S. 115

Gilroy, John S. 82

Glas, Gläser S. 108

Gössermuskel S. 66

Goethe, Johann Wolfgang von S. 46, 50

Good Beer Guide S. 81

Goslar S. 51f.

Graser, Andreas S. 46

Great British Beer Festival S. 82

Griechenland (Antike) S. 13f.

Groll, Josef S. 73

Grossman, Ken S. 101

Guinness, Arthur S. 82

Gypsy Brewer S. 71, 77

Hallertau S. 35, 44

Hatt, Jérôme S. 87

Hefe S. 37

Heimbrauen S. 124

Heine, Friedrich S. 51

Heineken (Unternehmensgruppe) S. 93

Herttel Pyrprew S. 20

Hexen S. 18ff.

Hildegard von Bingen S. 19

Hitler, Adolf S. 25

Hofbräu S. 18

Hopfen S. 17f., **35**

HopfenMuseum Tettnang S. 47

Horn von Wismar S. 16

Humboldt, Wilhelm von S. 50

IBU S. 80f.

Isis S. 12

Hammurapi S. 12f.

Hansen, Emil Christian S. 76

Happir S. 10

Heine, Heinrich S. 21

Hekt S. 11

Henningsen, Erik S. 75

Hymne an Nikasi S. 10

Hymir S. 15

Infusionsmaischverfahren S. 33

Inkas S. 29

Internationales Berliner Bierfestival S. 64

Jackson, Michael S. 6, 89, 115

Jacob, Sebastian S. 71

Jacobsen, Carl S. 76

Jacobsen, Jacob Christian S. 75

Jan Primus S. 18

Jesus S. 16

Johann I. (siehe Jan Primus)

Kalevala S. 16

Katharina II. S. 75

Kelheim S. 19, 35, 44

Kelten S. 15f

Kerbholz S. 107

Kitchener-Waterloo (Bierfest) S. 106

Klärung S. 36

Kloster Andechs S. 39, 47

Kloster Weihenstephan S. 19

Köbes S. 59

Köln S. 59

König, Theodor S. 51

Kohlensäure S. 32, **37f.**, 126

Kollmar, Günther S. 47

Kondakow, Mikola S. 53

Kronkorken S. 117

Kronkorken Forum S. 117

Kuentzmann-Damm, August S. 88

Kutscherglas S. 84

Kühlung, Kühlkette S. 91, 105 f.

Läutern S. 33f.

Land des fruchtbaren Halbmonds S. 9f.

Leipzig S. 52

Liebknecht, Karl S. 25

Lincoln, Abraham S. 103

Linde, Carl S. 22

Löwenbräukeller S. 43

Loki S. 15

Ludwig X. S. 21, 104

Luther, Martin S. 21, 59

Mälzen S. 30f.

Mälzer S. 122f.

Mais S. 29f.

Maische S. 32f.

Malz S. 30f.

Martens, Matthias S. 118f.

Mathäser S. 42

Maximilian I. Joseph S. 105

Mayflower S. 102

Menkaure S. 11

Mesopotamien S. 9

Met S. 9, 13, 16

Micro Brewery (siehe Craft
Brewery)

Mikkeller Bar S. 77

Milchsäurebakterien S. 22

Miller Brewing Company (siehe
auch: SAB-Miller)

Milwaukee S. 99

Moosburg, Egilbert von S. 19

Mosher, Randy S. 115

München S. 43ff., 105f.

Münchner Kindl S. 43, 105

Musso, Teo S. 90f., 115

Mykerinos (siehe Menkaure)

Nacher, Ignatz S. 107

Nachtrunk S. 111

Nachtwächter S. 127

Naturtrüb S. 39, 49, 82

New York Craft Beer Week S. 100

Ninhursanga S. 9f.

Ninkasi S. 9f.

Nitsch, Ulrich S. 51

Nockherberg S. 60f.

Nordmann S. 63

Nürnberg S. 23

Obama, Barack S. 103

Obergärig S. 37

Odin S. 17

Oetker (Unternehmensgruppe)
S. 53, 71

Oktoberfest S. 104ff.

Oliver, Garrett S. 99, 113, 115

Osiris S. 12

Painter, William S. 116

Pasteur, Louis S. 22

Petrini, Carlo S. 89

Pichler, Elias S. 60

Pilsdeckchen S. 107

Pilsen (Plzeň) S. 73

Priller-Riegele, Sebastian
S. 47, 112

Prohibition S. 84, 99, **117**

Pull tab S. 53

Qingdao S. 96

Radeberger Gruppe S. 55, 62

Ramses II. S. 11

Raphael, Dr. Thomas S. 56

Rastal S. 50

Reifung S. 38

Reinheitsgebot S. 21f.

Reis S. 96, 99

Rezenz S. **45**, 111

Roggen S. 29

Rom, Römer S. 13f.

Royal Unibrew S. 77

Saaz, Saazer Hopfen S. 37, 47

SAB-Miller S. 92f.

Sabadios S. 14

Sabaiarius S. 14

Saccharimeter S. 22

Sammler, Sammeln S. 76, **117**

St. Gallen S. 17f., **67f.**

Schaum S. **110**, 126

Schiffner, Karl S. 108

Schlafmützenkontrolle S. 117

Schroten S. 31

Schwaderer, Johannes S. 70

Seidl, Conrad S. 112

Sensorik S. 119

Slow Food, Slow Beer S. 46, **89**

Sorghum S. 94

Snowden, Paul S. 71

Sørensen, Søren Peter Lauritz
S. 76

South Afrivan Breweries (siehe
auch: SAB-Miller)

SRM S. 78

Speisen und Bier S. 112–115

Stammwürze S. 34

Starkbieranstich S. 60

Stay-on tab S. 53

Sudhaus S. **32**, 71

Sumerer S. 9

Sylt S. 62

Tacitus, Cornelius S. 14

Tag des Deutschen Bieres S. 104

Tettnang S. 47f.

Therese von Sachsen-Hildburghausen S. 104

Theresienwiese S. 104

Thor S. 15

Trappisten S. 84f.

Trautmann, Louis Moritz S. 88

Treber S. 33

Tschechien S. 72ff.

Türkei S. 88f

Tutenchamun S. 12

Tyr S. 15

UNESCO S. 42

Untergärig S. **37**, 51

Vanderfelde, Émile S. 84

Vandervelde-Gesetz S. 84

Vereinigung der Haus- und
Hobbybrauer in Deutschland
e. V. S. 124

Vereniging Promotie Informatie
Traditioneel Bier S. 87

Verkostung S. 91, 106, 108–112

Versuchs- und Lehranstalt für
Brauerei in Berlin S. 64, 123

Vollbier S. 34

Walhall, Walhalla S. 15

Wallenborn, Johann Peter S. 51

Wanderbrauer (siehe Gypsy Brewer)

Washington, George S. 102f.

Wasser S. 31f.

Weihenstephan S. 19

Weizen S. 29

Whiskey, Whisky S. 67, 80, 87, 102

Wiesn (siehe Oktoberfest)

Wilhelm II. S. 25

Wilhelm IV. S. 21

Wolferstetter Keller S. 73

World Beer Awards S. 49

Wotan S. 15

Wülfing, Fritz S. 70

Würselen S. 56

Würze S. 34

Würzpfanne S. 34

Zapfen, Zapfhahn S. 45, 108, 126

Zigarre S. 118

Zoigl, Zoiglstern S. 20

Zürich S. 67f.

Zum Alten Fritz S. 63

Mehr Bier –
eine kleine Auswahl

Brauverbände und Regionen:

www.brewersofeurope.org Dachorganisation der europäischen Brauerverbände
(in english)

www.biersommelier.de
Verband der Diplom-Sommeliers

www.brauer-bund.de
Deutscher Brauer-Bund

www.oesterreichbier.de
Verband der Brauereien Österreichs

www.bier.ch
Schweizer Brauerei-Verband

www.bierfranken.eu
Wissenswertes und Tipps rings um Bier, Brauereien und Reisen im Bierparadies Franken

www.brauereierlebnis-dortmund.de
Geschichte und Information zur Bierstadt Dortmund

www.brauereifuehrer.com
Überblick über die Brauereilandschaft Österreichs

www.bier-guide.net
Führer zu Bierlokalen und Veranstaltungen in Österreich mit Conrad Seidl

www.die-brauer-mit-leib-und-seele.de
Zusammenschluss einiger Familiengeführter Brauereien mit 10 Grundsätzen für besseres Bier

www.ggb-berlin.de
Gesellschaft für die Geschichte des Brauwesens e.V. Wichtigste Quelle für jede historische Recherche

www.ibv1958.de
Internationaler Brauereikultur-Verband e.V. Treffpunkt für Sammler von Brauereiartikeln

www.ddr-brauwesen.de
Online Archiv über Ostdeutsche Brauereien und Getränkevertriebe

Bier kaufen:

www.bierzwerg.de
Große internationale Auswahl zu attraktiven Preisen

www.bierkompass.de
Ausgewählte und rare Bierspezialitäten

www.gourmondo.de
Der Delikatessen-Versandhändler erweitert sein Biersortiment deutlich

www.bierpost.com
Ca. 300 Biere aus 50 Ländern. Möglichkeit, monatliche Bierpakete zu abonnieren

www.biershop-hamburg.de
Biere der Kontinente und nützlicher Veranstaltungskalender

www.mein-biershop.de
Schwerpunkt Deutschland mit schöner Auswahl an Festbieren

www.biershop-bayern.de
Große Auswahl bayerischer Biere. Auch Bier-Abonnement möglich

www.brau-kunst.de
Bierabo für fränkische Spezialitäten

www.biershop-bamberg.de
Bamberger Bier, mehr als nur Rauchbier

www.bierlinie-shop.de
Belgische Bierspezialitäten

www.oesterreichbier.de
Spezialist für Bier aus Österreich

www.shop.bier.de
Der ProBier Shop mit Bier aus
Deutschland, Brauanlagen und
Sammlerartikeln

www.idbeer.de
Bieretiketten selber gestalten für
Export oder Pils der Schloss-
brauerei Au-Hallertau

www.beerstickr.com
Etiketten, Bierdeckel oder Gläser
selber gestalten

www.braupaul.de
Die Macher des Magazins Bier &
Brauhaus bieten mit ihrem
„Bieratelier – Agentur für Bier-
genuss und Braukultur" als Han-
delsvertretung Unterstützung,
Beratung und 450 Produkte für
Händler und Gastronomen an.

www.ambrosetti.de
Ambrosetti, Schillerstraße 103,
10625 Berlin. 600 internationale
Biersorten.

www.bierland-hamburg.de
Bierland Getränke, Seumestraße
10, 22089 Hamburg. Deutsche
und internationale Biere. Verkostungen und Schulungen.

www.weltbier.net
Bier & Weinbrandecke, Blissener
Straße 51, 52146 Würselen.
Mo bis Fr 7.30 bis 18.30 Uhr,
Sa 7.30 bis 15.30 Uhr. Tel.:
02405/92450. Unschlagbare
3.000 Biere in den Regalen.

**Bier bloggen, besprechen
und prämieren:**

www.european-beer-star.de
Wettbewerb für weltweite Biere,
deren Stile ihren Ursprung in
Europa haben. Preisverleihung
und Publikumsverkostung im
November im Rahmen der Brau
Beviale in Nürnberg

www.worldbeerawards.com
Die Preisträger der World Beer
Awards werden jedes Jahr im
September gekürt (in english)

www.michaeljacksonthebeerhun-
ter.blogspot.com
Der Beerhunter-Blog von Michael
Jackson bleibt in Memoriam
online

www.lieblingsbier.de
Hervorragendes Online-Maga-
zin von Bierenthusiasten aus
Coburg

www.bier-index.de
Informatives Test-Forum von
kompetenten Bierliebhabern

www.alestreetnews.com
Online-Magazin für Nordamerika (in english)

www.bier-entdecken.de
Schöner und abwechslungsrei-
cher Blog

www.biertaeglich.eu
Die erste Online-Bier-
Tageszeitung

www.berlinbiershop.com Nachrichten zum Bier von einem
Berliner Bierspezialitätenhändler

www.kgbier.de
Kampagne für Gutes Bier mit
Nachrichten aus der Bierwirt-
schaft

www.biersekte.de
Biersekte e.V. mit Online-Forum
und Treffen

www.zischundwech.de
Forum für Biertests und Knei-
penberichte

www.biertest.blogspot.com
Humorvoll-ironischer Blog von
Altbier bis Weizen

www.ratebeer.com
Eine weltweite Online-Gemein-
de bewertet Biere, Pubs und
Händler und führt die gefürch-
tete Liste der 50 schlechtesten
Biere der Welt (in english)

www.beeradvocate.com
Magazin mit vielen Informati-
ven Berichten und sehr aktiver
Community (in english)

www.bierclub-bayern.de
Biersensoriker verkosten und
bewerten Biere. Dazu gibt´s
Bierneuigkeiten aus Bayern

www.1000getraenke.de
Mehr als 4.000 bewertete Biere
aus aller Welt

www.beerculture.com
Info zu Bierstilen mit anspruchsvollen Verkostungsnotizen

www.bierglasblog.de
In diesem Blog geht Glas vor
Inhalt

www.belgian-beers.eu
Ausführlicher Blog zum Bierland
Belgien (in english)

**Bier lesen
(zusätzlich zu den Empfeh-
lungen in den Kapiteln):**
Assél, Astrid und Christian
Huber: *München und das Bier.*
München 2009
Famoser Blick auf 850 Jahre
Braugeschichte in der bayeri-
schen Hauptstadt.

Hampson, Tim (Hrsg.): *Das Bier-
buch. Über 1.700 Biere aus aller
Welt.* München 2009
Bierspezialitäten aus aller Welt
werden verkostet und vorgestellt.

Hormes, Stephan und Silke
Peust: *Die Bierkarte.* Lübeck 2010
Große Deutschlandkarte
im Maßstab 1:1 000 000 mit
eingezeichneten Brauereien
und Museen und nützlichen
Informationen.

Jackson, Michael: *Biere der Welt.*
München 2008
Praktisches Handbuch und Standardwerk zum Bier, das leider
nicht mehr aktualisiert wird.

Jackson, Michael: *Bier International.* Bern 1999
Immer noch ein Klassiker,
obwohl nicht mehr ganz aktuell,
ist es doch eine der umfang-
reichsten Informationsquellen.
Antiquarisch zuweilen noch
verfügbar.

Lechner, Georg: *Lechner´s
Liste. Traditionelle Brauereien in
Deutschland.* Steinfurt 2008
Kurzportraits zu Braustätten
von einem leidenschaftlichen
Braumeister, der sogar in einem
Bierfass in seinem Museum
schläft.

Mosher, Randy: *Tasting Beer.*
North Adams 2009
Aktueller Blick auf die Bierwelt
aus US-Sicht (in English).

Oliver, Garrett: *The Brewmaster´s
Table.* New York 2005
Das wohl beste Buch zur Kombination von Bier mit Speisen
(in english).

Rudolf, Michael: *2000 Biere.*
Münster 2005.
Gnadenlose Bierbewertungen.
Wie ein Blog in Papier.
BILD: Dieser Mann macht die
Brauer sauer.

Rudolf, Michael: *Der Pilsener
Urknall.* Leipzig 2004
Amüsante Betrachtungen eines
Bierreisenden.

Schüller, Stefan: *Schweizer Bier-
kochbuch.* Aarau 2008

Seidl, Conrad: *Bier-Katechismus.
Was Sie schon immer über Bier
wissen wollten.* Wien 2005
Der „Bier-Papst" erklärt Wissenswertes zum Bier.

Werner, Christine und Dietmar:
*Die schönsten Sagen vom deut-
schen Bier.* Husum 2002

Bier feiern:
Der 23. April ist der Tag des
deutschen Bieres
*www.brauer-bund.de/bier-ist-
deutschland/tag-des-deutschen-
bieres/feiertag.html*

Der 5. August ist der Internationale Tag des Bieres (International Beer Day – IBD)
www.internationalbeerday.com

www.beerfestivals.org
Kalender mit internationalen
Bierfesten und Veranstaltungen
(in english)

Peter Eichhorn

1970 in Augsburg geboren, lebt in Berlin als Reiseleiter und freier
Autor. Seine Leidenschaft für kulinarische Genüsse, vor allem zu
Bargeschichte, Bier und Whisky, vermittelt er in Vorträgen und
Verkostungen.
Seine Bücher *Berlin schenkt ein* und *Berlin beißt sich durch* sind
gleichfalls im Grebennikov Verlag erschienen.

Abbildungsverzeichnis

74 unten; Baltika S. 75 oben;

Tuborg S. 75 unten; Carlsberg S. 76 oben + unten; Bernt Rostad S. 77, S. 100 unten; Thor Dekov Buur S. 78 oben; Christophe Mallet S. 78 unten; edwin.bautista S. 80 oben; BrewDog S. 81 oben + unten; LoopZilla S. 82 oben; Guinness www.carrollsirishgifts.com S. 82 unten; www.easyandelegantlife.com S. 83 oben; www.beer-coasters.eu S. 83 unten, S. 85 2. von oben, S. 95 oben; tsuacctnt S. 84; Chimay S. 85 oben; www.merchant-duvin.com S. 85 2. von unten; www.artisanalimports.com S. 85 unten; lesscrafted S. 86 oben; MG Siegler S. 86 mitte; www.beersforbreakfast. wordpress.com S. 86 unten; Marcelo Costa S. 87 oben; www.mondobirra. org S. 87 mitte; www.abenvironment.com S. 87 unten; Kronenbourg on www.hd-bb.org S. 88 oben; www.amathusdrinks.com S. 88 unten links; www.imagehack.us S. 88 unten rechts; calflier001 S. 89 oben; Simon Bonaventure S. 89 unten; Braufactum S. 90 oben + unten, S. 188 links, S. 115 oben; John Dalrymple S. 91 links; Igor Zaidel S. 91 rechts, S. 101 unten, S. 117 unten, S. 109 oben; Pete Souza S. 103 unten; Swathi Sridharan (ICRISAT) S. 94; www.shantiinternational.wordpress.com S. 95 unten; www.allyjanegrossan.wordpress.com S. 96 unten; Guian Bolisay S. 97 oben; www.1stopliquors.com S. 97 unten; Unibroue S. 98 oben; Jason B S. 98 unten; S. 99 oben; www.kbosweeney.wordpress.com S. 99 mitte; www.brightfutureresourcing.com S. 99 unten; www.frisc2010.blogspot. com S. 100 oben; www.bottlesofbarley.blogspot.com S. 100 mitte; www. ocbrewfest.com S. 101 oben; imacgyv0r S. 117 oben; Matthias Marten S. 118 rechts, S. 119 unten; S. 120 - S. 121, digital cat S. 104 oben; www. allgaeuer-anzeigenblatt.de S. 105; Rafael Gorski S. 106 oben; LF Martin S. 106 mitte; Maximilian Dörrbecker (Chumwa) S. 106 unten; Roger Woll-stadt S. 107 oben; Bobak Ha'Eri S. 107 mitte; www.sanfamedia.com S. 108 mitte; Sean Foreman S. 110 oben links; Ariane Middel S. 110 oben rechts; maliciousmonkey S. 110 oben links 2. Reihe; Lara604 S. 110 oben rechts 2. Reihe; Michael Kranewitter S. 112; tienvijftien S. 113 oben; Leonid Mamchenkov S. 113 unten; Gargolla S. 122 oben; U.S. Information Agency S. 127 unten; Roger Wollstadt S. 137 rechts, kleine Bierdeckel; Last Hero S. 137 links, S. 140, Henriette Damsa S. 133

S. 32 unten; S. 34; S. 37 unten; S. 38; S. 39 unten; S. 59 unten; S. 104 unten; S. 108 oben + unten; S. 109 unten; S. 114 oben + mitte + unten; S. 123 unten; S. 126 unten;

Deutscher Brauer-Bund e.V.